中学版

suitable for middle school

优秀中小学科创教材
基于STEM教育理念 · PBL项目式学习方式编写

传感器与科技创新

东莞市教育局教研室　编著

南方日報出版社
NANFANG DAILY PRESS
中国 · 广州

图书在版编目（CIP）数据

传感器与科技创新：中学版 / 东莞市教育局教研室编著 .— 广州：南方日报出版社, 2020.8（2021.6重印）
ISBN 978-7-5491-2155-7

Ⅰ. ①传… Ⅱ. ①东… Ⅲ. ①科学技术—中学—教学参考资料 Ⅳ. ①G634.73

中国版本图书馆CIP数据核字（2020）第006527号

CHUANGANQI YU KEJI CHUANGXIN ZHONGXUE BAN
传感器与科技创新 · 中学版

编　　著：东莞市教育局教研室
出版发行：南方日报出版社
地　　址：广州市广州大道中289号
出 版 人：周山丹
责任编辑：方　明　曹　星
责任校对：裴晓倩
责任技编：王　兰
经　　销：全国新华书店
印　　刷：广州市尚铭印刷股份有限公司
开　　本：787 mm × 1092 mm　1/16
印　　张：12.25
字　　数：150千字
版　　次：2020年8月第1版
印　　次：2021年6月第2次印刷
定　　价：36.00元

投稿热线：（020）87360640　　读者热线：（020）87363865

编 委 会

主　　　编：黄振余
副　主　编：卢名远　邓汉盘
主要编写人员：邓汉盘　尹伟峰　蔡慧慈
钟章红　唐路胜　张清泉

前 言

建立国家创新体系，走创新型国家之路，已成为世界许多国家政府的共同选择，我国也把推进自主创新、建设创新型国家作为落实科学发展观的一项重大战略决策，并在2016年正式实施《国家创新驱动发展战略纲要》，为国家实施创新驱动发展战略进行了顶层的设计。而创新人才的培养，在中小学是一个非常重要的阶段，东莞市教育局2014年开始建设“百校创新人才培育基地”，2018年开始建设近百所创客教育学校，这些措施，把东莞科技教育的布局推上一个新的台阶，也正是在这一背景下，东莞市教研室汇集市内骨干教师，编写了本系列教材。

本系列教材涉及的传感器共35个，其中小学27个，中学23个，涉及的传感器类型有环境监测类、通讯类、多媒体类，覆盖了市场上大部分常见的传感器，这些传感器按难易程度分布在不同的学段和章节中，学生学完这些传感器相关知识后，科学综合素养将会进一步提升。

本系列教材尝试利用基于项目的方式来培养学生的工程思想，以创意物化为目的，采用模仿、改造、自创的思路，让学生先学传感器基础理论知识，接着再跟着课程模仿动手制作项目，掌握基本传感器技术，最后再利用学到的传感器知识来进行自我项目的开发。课程设计理念符合美国教育家杜威提出的“在做中学”教学原则。

学生传感器技术应用和科技创新思维的培养是本系列教材的两个目标，创新思维技法在学生自创环节，将更加开拓学生的思维，为学生自创项目增添梦想，而传感器技术的加入，则提升项目的技术含量，让学生科技综合素养得到更好的提升。希望老师们在使用本系列教材的时候，能紧扣这两大目标进行教学，同时也希望本系列教材在培养国家创新人才方面能发挥一些作用。感谢大家对本系列教材的支持！

目录

第一章 蓝牙智能灯
——蓝牙传感器、LED 全彩灯的应用

学习体验

观察与思考

诗人顾城说：“黑夜给了我黑色的眼睛，我却用它来寻找光明。”人们对光明的渴望一直都存在，于是我们发明了各种照明工具，如火把、煤油灯、电灯等。然而随着智能时代的到来，人们在生活的方方面面都有了更高的要求和需要，更加智能化、人性化的产品成了人们喜爱的对象。那么如何让电灯变得更加智能化、人性化呢？请同学们观察下列图片，组建团队完成任务卡中的任务。

图 1-1　火把

图 1-2　煤油灯

图 1-3　电灯

图 1-4　蓝牙遥控灯

任务

今天，我们就来制作一个蓝牙遥控灯吧，用“蓝牙串口助手”APP（应用程序）控制灯的开关和颜色。

项目筹备

（一）组建团队

请组建你的小组，交流讨论并对组内人员进行分工。

（二）准备器材

本项目需要的传感器和其他器材如表 1–1 所示。

表 1–1 器材清单

序 号	名 称	数 量	备 注
1	蓝牙传感器	1 个	蓝牙接收发送信号
2	LED 全彩灯（RGB）	1 个	模拟照明灯
3	机器人 DIY 主板	1 块	主控器
4	结构件	1 套	搭建外观
5	螺丝、铜柱	若干	连接结构

结构件清单如下：

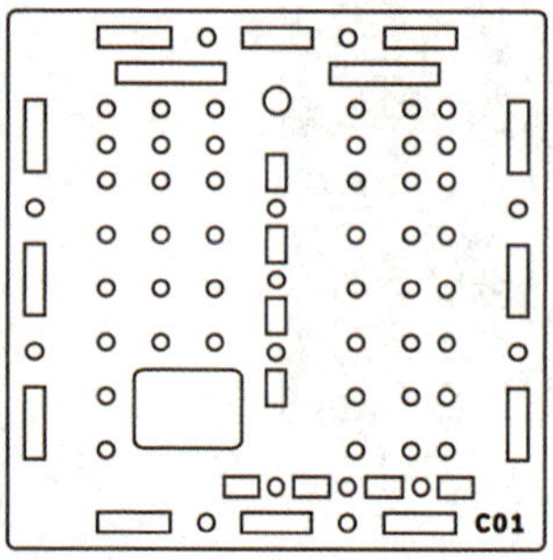

C01 × 1

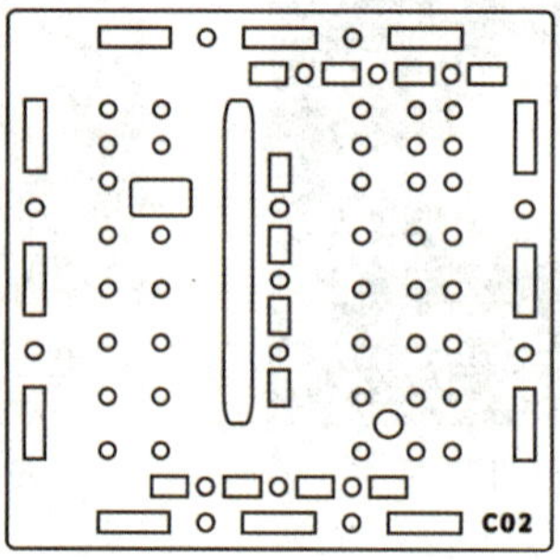

C02 × 1

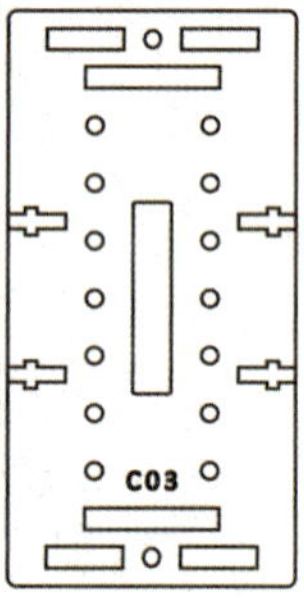

C03 × 1

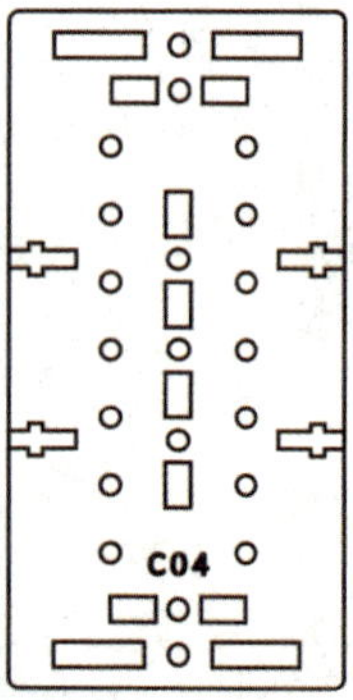

C04 × 1

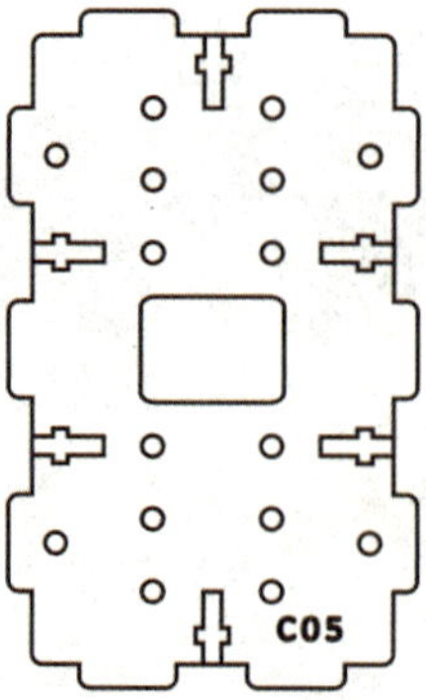

C05 × 1

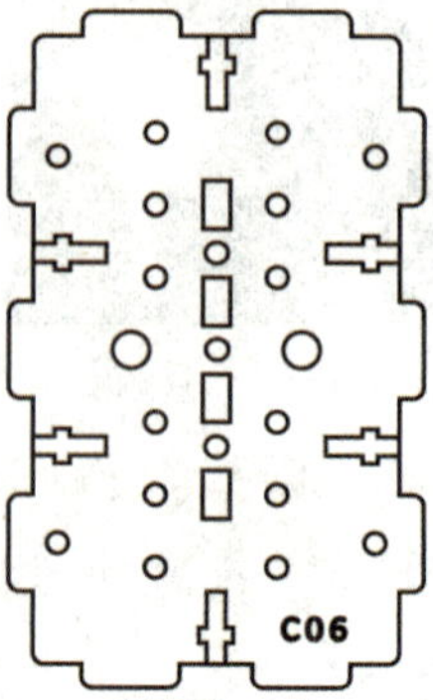

C06 × 1

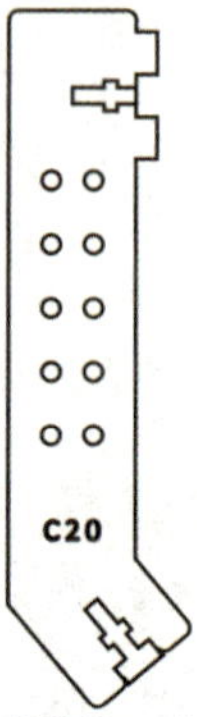

C20 × 1

（三）知识准备

1. 蓝牙传感器。

蓝牙传感器的作用是可以通过蓝牙串口助手 APP 发送信号给主控板，主控板接受到信号后再进行判断与执行指定程序。蓝牙传感器的编程图标是 蓝牙接收 数字端口 1▾ 检测 1 毫秒 。它和主板的连线如图 1–5 所示。

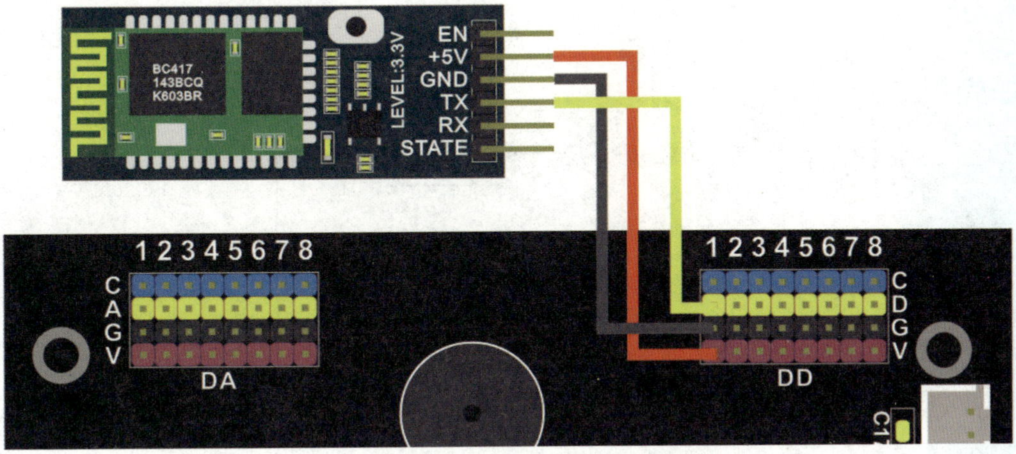

图 1–5　蓝牙模块接线图

2. LED 全彩灯。

LED 全彩灯有红、绿、蓝（R、G、B）三种基本颜色的 LED 灯珠，我们可以利用光学三原色原理（所有颜色均可以用三原色红、绿、蓝按照一定比例混合出来）调出几乎所有人眼可见的颜色。LED 全彩灯的编程图标是 灯 数字端口 2▾ 状态 亮▾ ，它和主板的连线如图 1–6 所示。

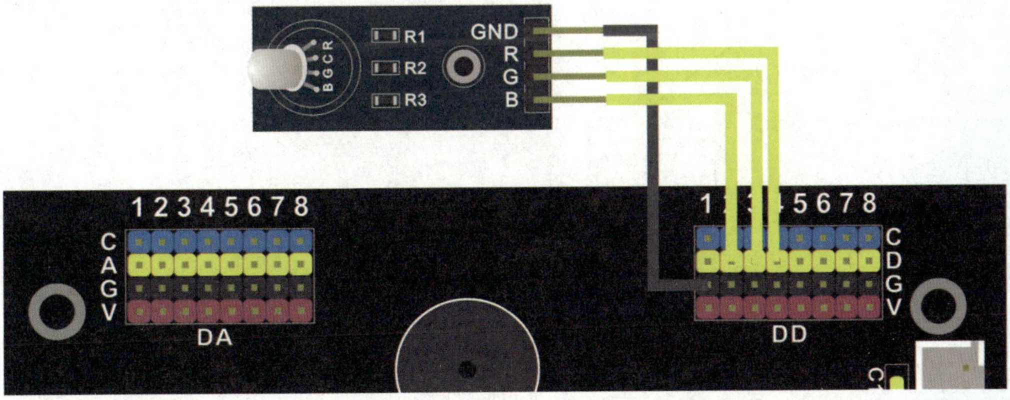

图 1–6　LED 全彩灯接线图

动手实践

（一）设计流程

根据任务分析，我们可以画出图 1-7 的程序流程图。

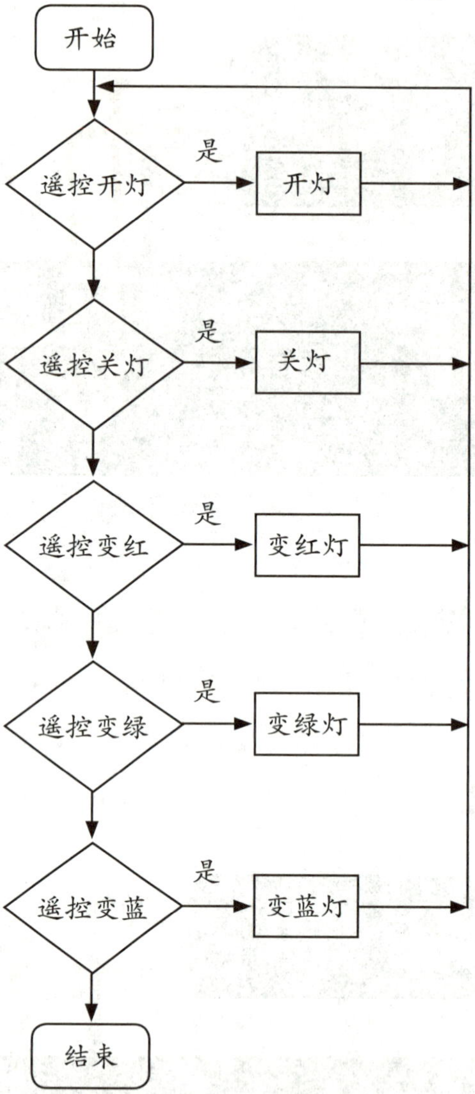

图 1-7　程序流程图

（二）制作实物

蓝牙智能灯的安装主要分主体的搭建和传感器的安装两部分，具体制作步骤如下：

1. 主体的搭建。

主体的搭建需要的结构件编号是 C01、C02、C03、C04、C05、C06、C20。首先用 M3 螺丝和铜柱把主板安装在 C01 结构件上，效果如图 1-8 所示。

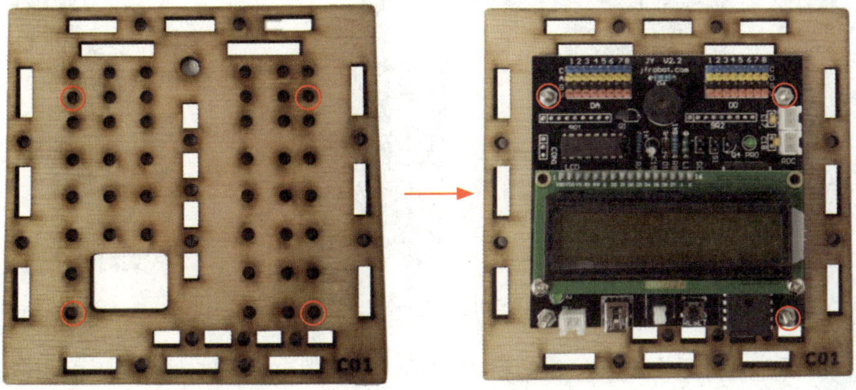

图 1-8　将主控板安装在结构件 C01 上

把结构件 C03、C05、C06 按下图的位置摆放好，然后用 M3 螺丝把它们安装在 C01 结构件上，效果如图 1-9 所示。

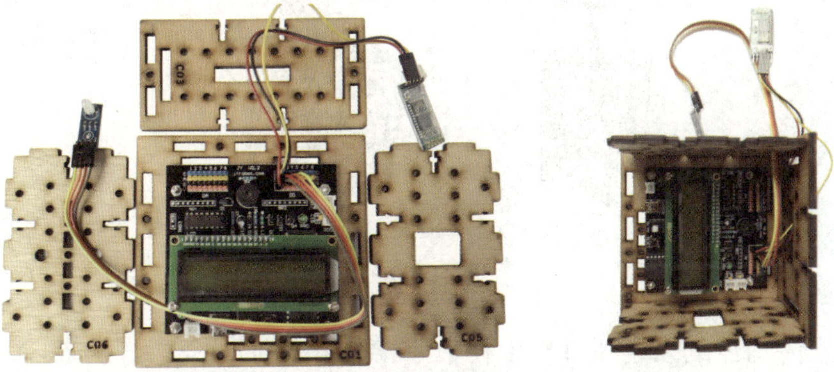

图 1-9　结构件 C03、C05、C06 安装方法

把结构件 C02 安装在上表面，效果如图 1-10 所示。

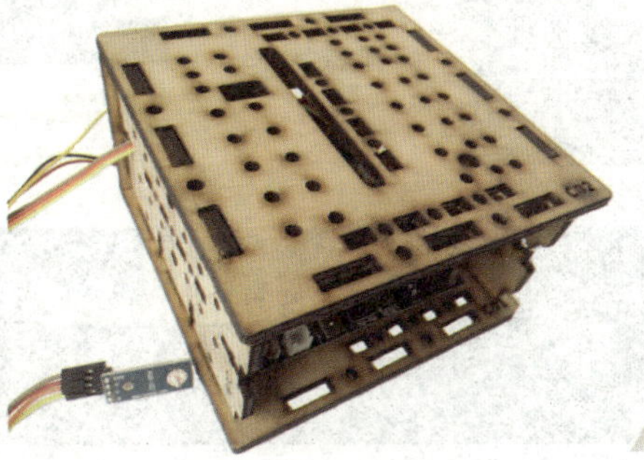

图 1-10　安装结构件 C02

把 C20 和 C04 结构件组合，再安装在 C06 结构件上，效果如图 1–11 所示。

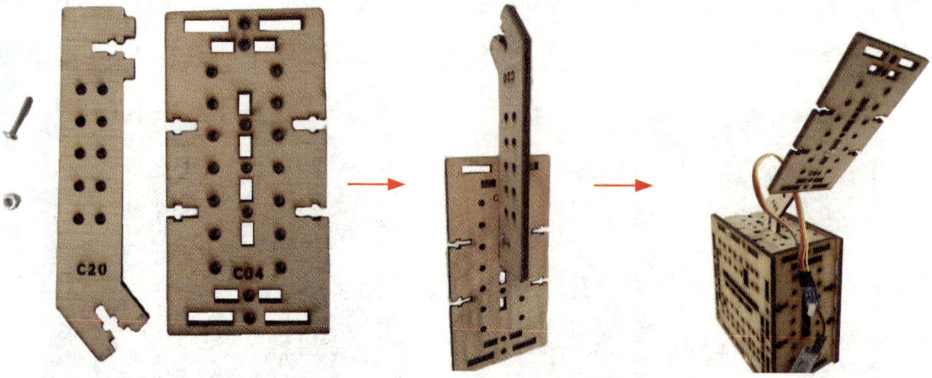

图 1–11　安装遥控灯支架

把蓝牙传感器与 LED 全彩灯分别固定在灯面和底座上，效果如图 1–12 所示。

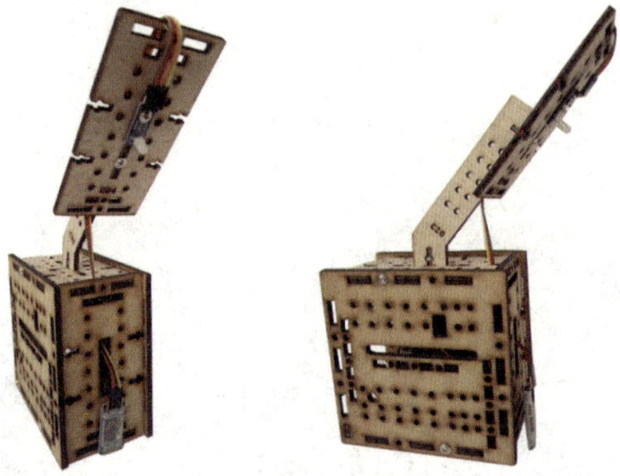

图 1–12　安装传感器，完成搭建

2. 传感器与主板的连线。

把蓝牙传感器的发射端 TX 接在数字端口 1，LED 全彩灯的 B、G、R 分别接在数字口 2、3、4，效果如图 1–13 所示（连接时注意红色线对准 V）。

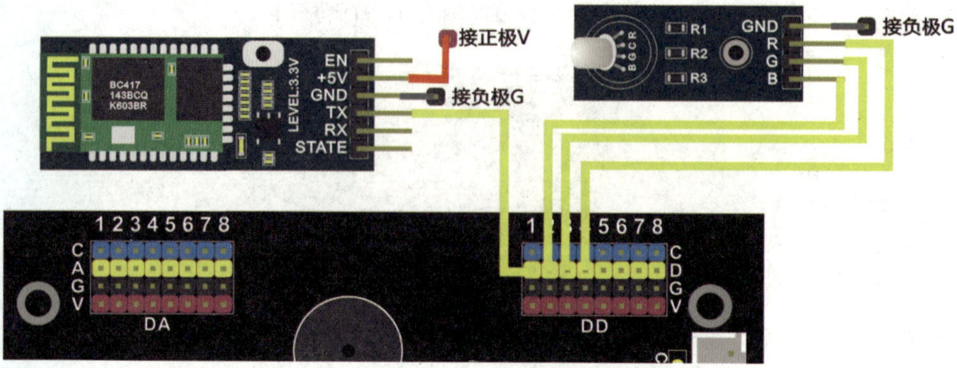

图 1–13　完整接线图

（三）蓝牙串口 APP 工具使用和编写程序

1. 在手机上下载并安装蓝牙串口助手 APP，然后自行定义功能键发送数据的内容，如“1”用来开灯、“2”用来关灯，“3”用于只亮红灯，“4”用于只亮蓝灯，“5”用于只亮绿灯；也可以更改按键，设定按键的名称和发送的内容。蓝牙和手机的连接参考图 1–14 和图 1–15，图 1–15 中，蓝牙匹配密码一般是“1234”。

图 1–14　在手机中找到蓝牙选项并打开

图 1–15　找到蓝牙设备进行匹配

2. 编写程序。

打开 Scratch 编程软件，按照以下步骤进行编程调试并运行。

先把蓝牙接收信号口接主控器数字口 1，RGB 彩灯的 R 端接主控器数字口 2，G 端接主控器数字口 3，B 端接主控器数字口 4。控制开关灯程序如图 1–16 所示。

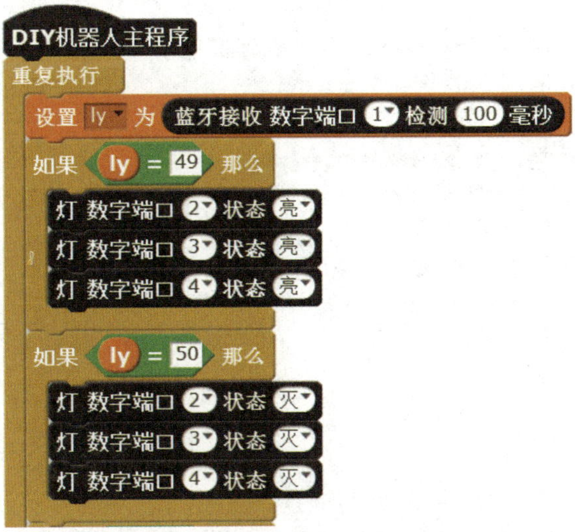

图 1–16　开关 LED 灯程序图

编写控制红灯亮程序，只需数字端口 2 亮，数字端口 3 和数字端口 4 灭即可，同样，亮蓝灯和绿灯也是如此，如图 1–17 所示。

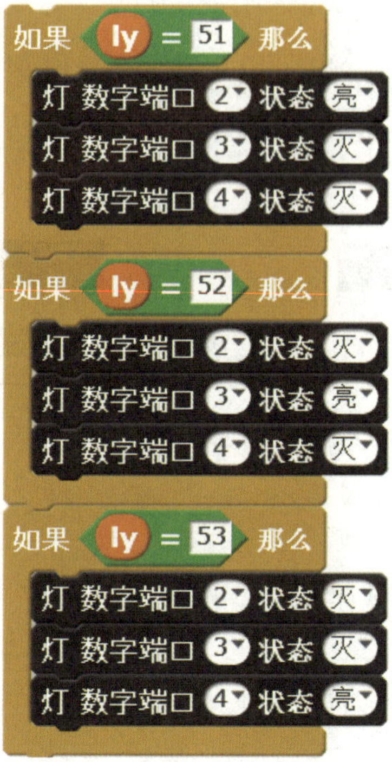

图 1–17　单独亮一种灯程序

请同学们在表 1–2 上记录调试过程。

表 1–2　调试记录表

序　号	项　目	功　能
1	按下电源开关，蓝牙传感器工作指示灯不闪：________	
2	手机端发送数据，主控板没反应：________	
3	发送的指令和遥控灯亮起的颜色不相符：________	

（四）修正完善

请同学们开动脑筋，激发奇思妙想，创作自己特色的蓝牙智能灯。例如：改造外观特色设计、增加新功能或创作新的控制模式等。完成后，要记得向同学们展示自己的作品。

思维发散

同学们思考一下，对于上面的作品，我们还能做什么改进？能用其他传感器来实现蓝牙智能灯的相关功能吗？

创意物化

同学们，我们已经掌握了蓝牙传感器、LED 全彩灯的使用方法和相关知识。我们还能利用这些传感器来做什么呢？

1. 头脑风暴，确定主题。

请大家根据本节课所掌握的知识，和小组成员尝试制作以下作品：（1）蓝牙控制风扇；（2）蓝牙控制呼吸灯；（3）蓝牙控制舞台灯；（4）自己感兴趣的项目，与同学们分享。表 1–3 是各项目的制作功能要求，请同学们选择自己感兴趣的项目来完成。

表 1–3　作品功能要求

序　号	名　称	功　能
1	蓝牙控制风扇	用手机 APP 端来控制远程风扇的开关
2	蓝牙控制呼吸灯	能慢慢变亮或者变暗的小灯
3	蓝牙控制舞台灯	远程实现舞台灯光的绚丽效果
4		

2. 小组分工，完成表 1–4。

表 1–4　小组人员分工表

项目名称：______	组别：______	
分工内容	姓　名	备　注
设计组		
编程组		
美工组		
操作组		
讲解组		

3. 完成作品设计图。

4. 制作过程记录。

交流评价

1. 向同学们展示自己的作品，同时收集同学们给你的意见，并把你的优化计划写在下面的框里。

2. 请同学们利用作品评价表 1–5 对同学或自己的作品进行评价。

表 1–5　作品评价表

评价与收获，请为小星星涂上颜色				
评价指标	创新创意	技术功能	外观设计	分享表达
自己评价	☆☆☆☆☆	☆☆☆☆☆	☆☆☆☆☆	☆☆☆☆☆
学生评价	☆☆☆☆☆	☆☆☆☆☆	☆☆☆☆☆	☆☆☆☆☆
老师评价	☆☆☆☆☆	☆☆☆☆☆	☆☆☆☆☆	☆☆☆☆☆
作品改进建议：				

阅读拓展

这样的智能灯你见过吗

现在给同学们介绍一款最新智能灯——Luzi Smart Lamp，除了能够作为正常照明设备点亮房间，并在LCD（液晶显示器）触摸屏上显示时间，Luzi还装配了四个USB接口，能够同时给多台手机和平板电脑充电；有Qi(“无线充电”标准）与PMA（电源事物联盟，也是无线充电技术的一个标准）认证的无线充电器，还有一个专为Apple Watch（苹果公司的一款智能手表）用户准备的非常方便的充电支架。Luzi内部的LED灯管能够变换颜色，在全彩RGB控制下，灯管颜色能够在暖色调和冷色调中和谐转换，比如从温暖的橘黄色变成更加热烈耀眼的白光。Luzi的创造团队表示，这样的光线变换能够让用户更快地放松，拥有更好的睡眠质量。

最妙的是，Luzi借鉴了Amazon Echo（亚马逊公司的智能音箱）的功能，内置的麦克风能够听取用户的语音指令，并通过内置蓝牙扬声器来回应用户需求。这意味着，用户想要调低灯光或者是播放自己最喜欢的音乐，只需要开口就能实现。Luzi还能够同第三方智能设备配合使用，比如Swtichmate（智能控制器）、Fit Bit（记录器，内含三维动态感应器）和Lockitron Bolt（智能门锁）。所以，通过Luzi，用户可以通过语音来控制家中主流的智能家居设备，这个功能非常方便，比如睡前只需要一声命令，就能确保家里大门关得好好的。

图 1-17　智能灯

第二章 防盗保险盒

——人体红外感应传感器的应用

学习体验

观察与思考

随着科技的发展，我们的家居生活变得越来越智能化。在智能家居市场的开拓中，我们发现很多家庭都在关注智能安防系统的产品，因为家庭的安全感是幸福指数的一个重要指标。毫不为过地说，智能安防系统是智能家居的基石。

图 2–1　智能防盗抽屉

图 2–2　智能保险柜

在当今生活中，每个人都有一些珍贵的物品或者隐私物件需要找个安全的空间存放，保险柜不失为一个好选择。但市场上的保险柜不是体积太大就是成本太高，对于爱创造发明的同学们来说，自己制作一个防盗保险盒更加实用。

任务

这节课我们设计一款智能防盗保险盒，它通过人体红外传感器感知是否有人打开盒子。当未获得授权的人试图打开时，盒子将发出警报。

项目筹备

（一）组建团队

请组建你的小组，交流讨论并对组内人员进行分工。

（二）准备器材

本项目需要的传感器和其他器材如表 2-1 所示。

表 2-1 器材清单

序号	名称	数量	备注
1	人体红外感应传感器	1 个	检测人
2	触摸传感器	2 个	设置解锁密码
3	蜂鸣器	1 个	报警提示音
4	机器人 DIY 主板	1 块	主控器
5	结构件	1 套	搭建外观
6	螺丝	若干	连接结构

结构件清单如下：

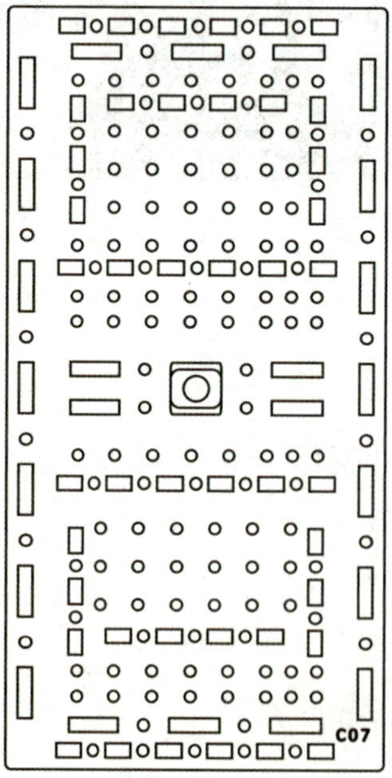

C07 × 1

C09 × 1

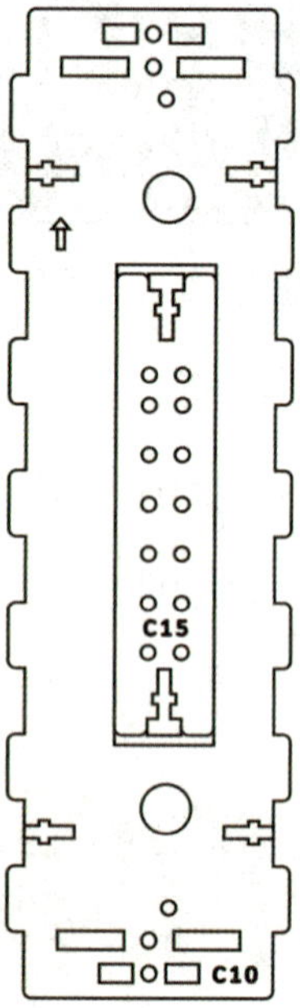

C10 × 1

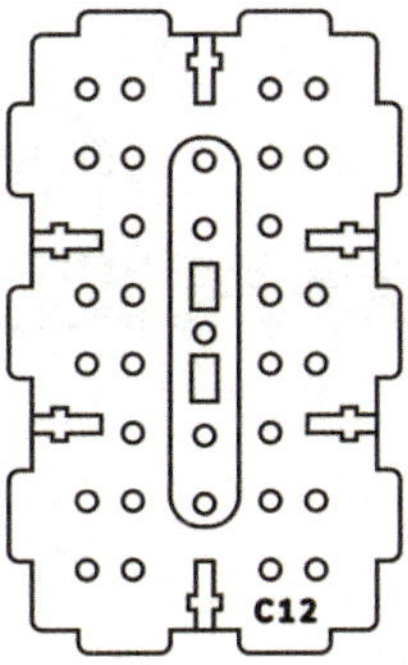

C12×1

C21×1

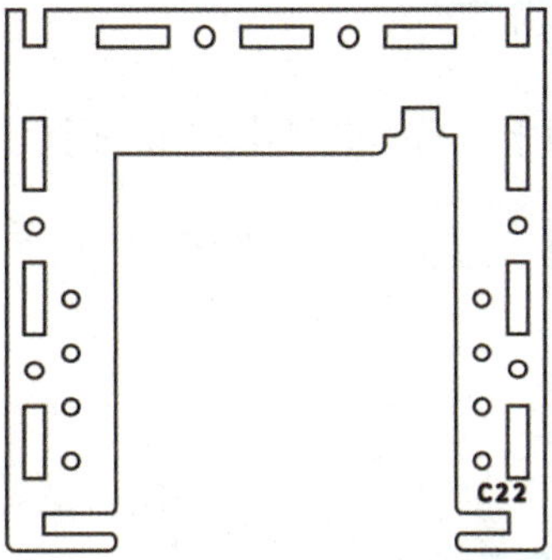

C22×1

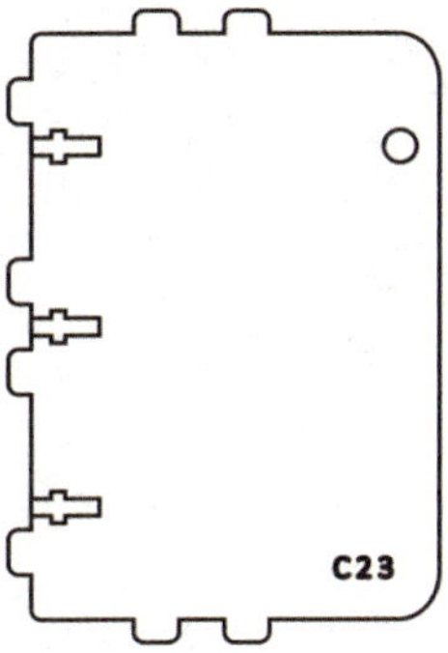

C23×1

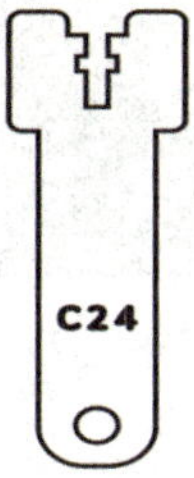

C24×1

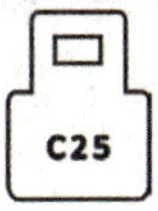

C25×1

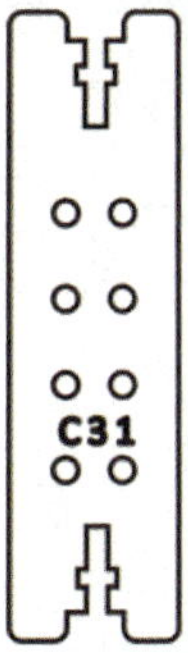

C31×1

（三）知识准备

1. 人体红外感应传感器。

人体红外感应传感器是一种能检测人体在一定范围内移动的传感器，具有寿命长、易操作、体积小等特点，特别适合用于办公室、宾馆、商场等场所防盗。它和主板的连线如图 2–3 所示。人体红外感应传感器的编程图标是 人体 数字端口 端口▾ 。

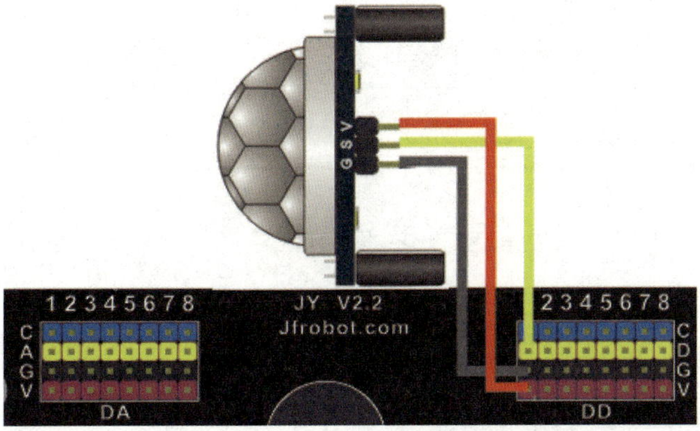

图 2–3 人体红外感应传感器和主板接线图

2. 触摸传感器。

触摸传感器是一种轻触开关，又叫触摸开关，属于电子元件类。触摸传感器和主板的连线如图 2–4 所示。触摸传感器的编程图标是 开关 数字端口 端口 。

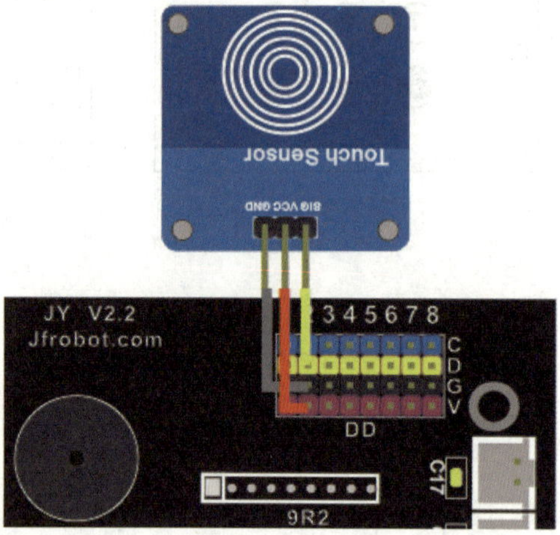

图 2–4　触摸传感器和主板接线图

动手实践

（一）设计流程

根据任务分析，我们可以画出图 2–5 的程序流程图。

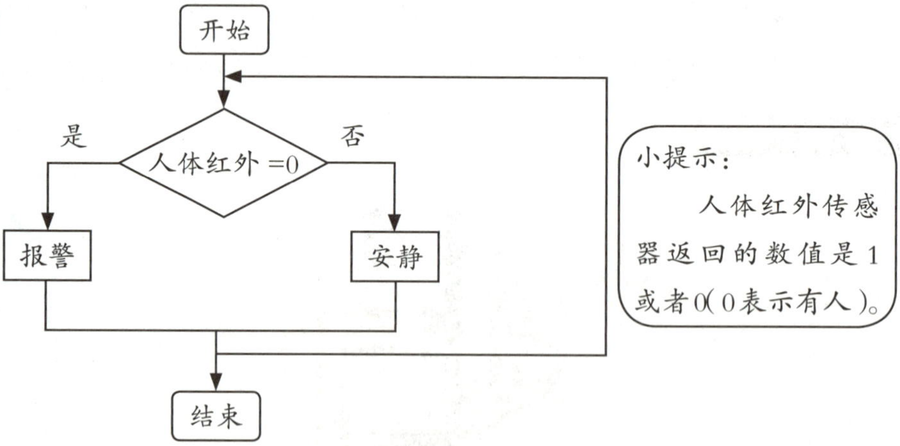

图 2–5　程序流程图

（二）制作实物

防盗保险盒的制作分为两部分，第一部分是保险盒主体的搭建，第二部分是传感器和主板的连接，具体制作步骤如下：

1. 主体的搭建。

主体的搭建需要的结构件编号是C07、C09、C10、C12、C21、C22、C23，主体的结构搭建步骤如图2–6至图2–9所示。

先搭建五个面，并上好螺丝，效果如图 2–6 所示。利用螺丝和铜柱，安装主板，效果如图 2–7 所示。

图 2–6　搭建五个面

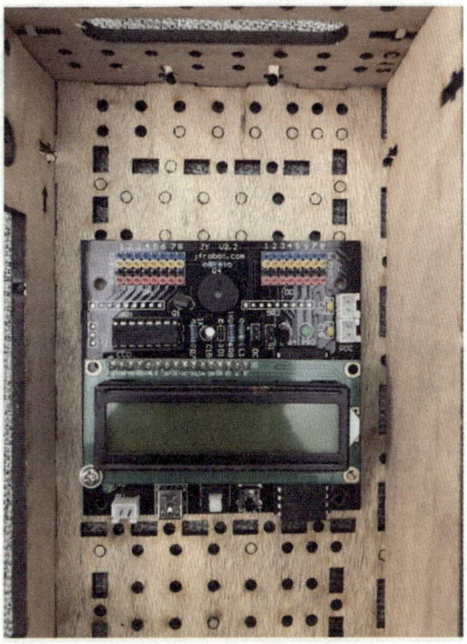

图 2–7　安装主板

安装保险盒的正面和门把结构，效果如图 2–8。把安装好的主体结构组合在一起，效果如图 2–9 所示。

图 2–8　安装保险盒的正面和门把结构

图 2–9　组合主体结构

利用螺丝把人体红外感应传感器、触摸传感器、蜂鸣器安装固定，效果如图 2–10 所示。

图 2–10　固定传感器和蜂鸣器

2. 传感器和主板的连接。

人体红外感应传感器接在数字端口 1，触摸开关接在数字端口 2，蜂鸣器接在主板的 DC 端口，效果如图 2–11 所示。

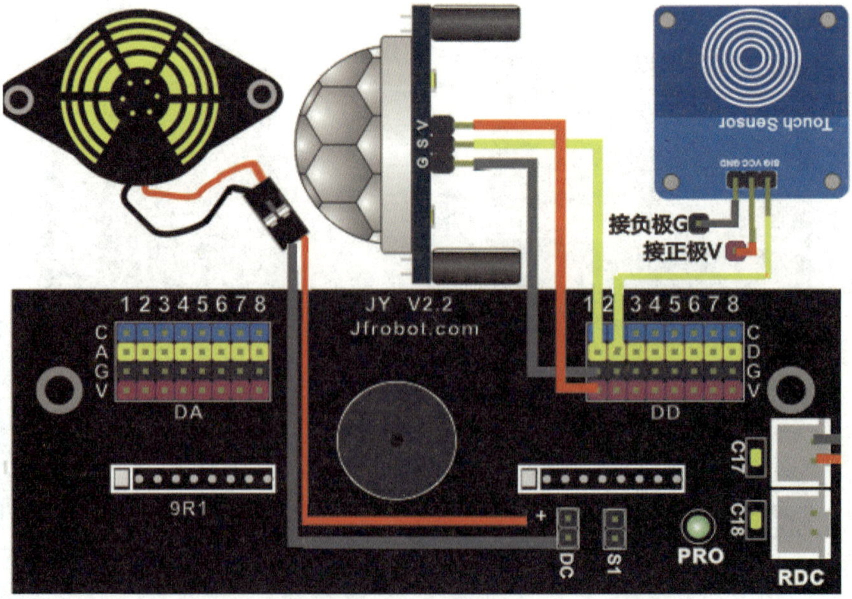

图 2–11　触摸开关、蜂鸣器和主板接线图

（三）编程调试

打开 Scratch 编程软件，按照以下步骤来进行编程调试并运行。

1. 利用人体红外感应传感器检测是否有人体靠近，如果有人体靠近，模块返回 0，机器人做出判断后报警。如图 2-12 所示。

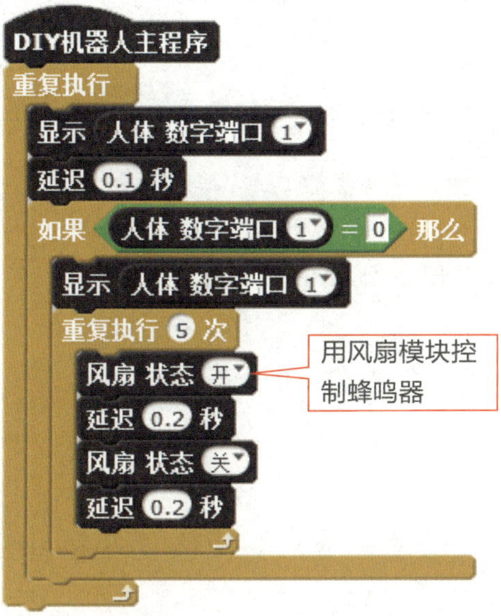

图 2-12　报警程序

2. 上面程序无论谁打开保险箱，传感器只要检测到人就会报警，不能很好地区分主人和陌生人。我们可以增加触摸传感器，并设计正确的触摸方式（相当于输入正确密码）取消报警。如图 2-13 所示。

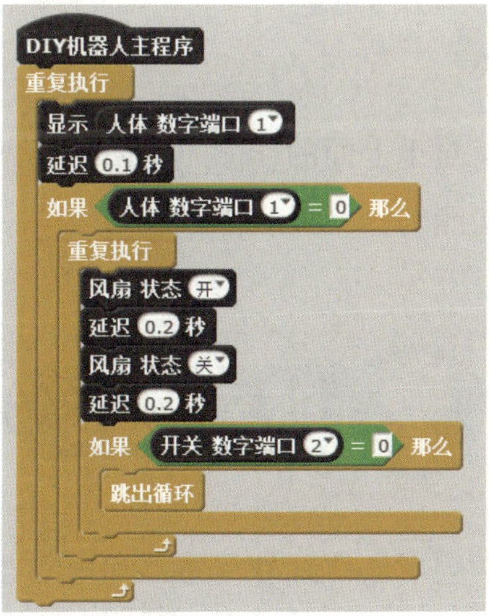

图 2-13　完善程序

请同学们在表 2–2 上填写调试过程。

表 2–2　调试记录表

序　号	内容和现象	修改的模块和参数
1	打开保险盒，把手伸进去，蜂鸣器是否发出声音： 是　　　　否	
2	蜂鸣器报警时，按触摸开关 1 或触摸开关 2，是否能结束报警： 是　　　　否	
3	蜂鸣器报警时，同时按触摸开关 1 和触摸开关 2，是否能结束报警： 是　　　　否	

（四）修正完善

我们可以对继续完善防盗保险盒的外观与功能，也可以在报警的同时闪灯，或者结合录音模块进行语音报警。

改造 1：对保险盒子的外观进行设计、上色，做得更加专业些。

改造 2：对防盗保险盒功能做升级，可以在报警的同时闪灯，请同学们对程序进行完善。

思维发散

请同学们思考一下：对于上面的作品，我们还能做什么改进？能用其他传感器实现防盗保险盒的功能吗？

创意物化

同学们，本课我们学会了人体红外传感器和蜂鸣器的控制方式，我们已经掌握了防盗保险盒的基本制作原理。那么，利用人体红外传感器和蜂鸣器还能用来做什么呢？

1. 头脑风暴，确定主题。

请大家根据本节课所掌握的知识，尝试制作以下作品：（1）迎客门；（2）电子围栏；（3）人体感应灯、风扇、空调等；（4）自己感兴趣的项目，与同学们分享。表2-3是各项目的制作功能要求，请同学们选择自己感兴趣的项目来完成。

表 2-3 作品功能要求

序号	项目	功能
1	迎客门	人来了打开门，并说“欢迎光临”
2	电子围栏	人走到围墙下、池塘边缘、山崖边，发出警报
3	人体感应灯、风扇、空调	人靠近灯、风扇、空调，启动相应的设备
4		

2. 小组分工，完成表 2-4。

表 2-4 小组人员分工表

项目名称：________	组别：________	
分工内容	姓名	备注
设计组		
编程组		
美工组		
操作组		
讲解组		

3. 完成作品设计图。

4. 制作过程记录。

交流评价

1. 向同学们展示自己的作品，同时收集同学们给你的意见，并把你的优化计划写在下面的框里。

2. 请同学们利用作品评价表 2–5 对同学或自己的作品进行评价。

表 2–5　作品评价表

评价与收获，请为小星星涂上颜色				
评价指标	创新创意	技术功能	外观设计	分享表达
自己评价	☆☆☆☆☆	☆☆☆☆☆	☆☆☆☆☆	☆☆☆☆☆
学生评价	☆☆☆☆☆	☆☆☆☆☆	☆☆☆☆☆	☆☆☆☆☆
老师评价	☆☆☆☆☆	☆☆☆☆☆	☆☆☆☆☆	☆☆☆☆☆
作品改进建议：				

阅读拓展

家庭智能安防系统与工作原理

家庭防盗报警系统是保障居家安全的有效技术手段。随着社会文明的不断进步，取消家庭防盗网势在必行，这也是发生火灾等紧急情况时家庭人员逃生的需要。运用现代科技手段开发的家庭防盗报警系统能完全满足家庭安全防盗、自动报警的需要，同时还提供远程监控的联网防范措施，使得家庭安全防盗更加可靠。因此，家庭防盗报警系统是智能化安防系统设计的必备系统之一。

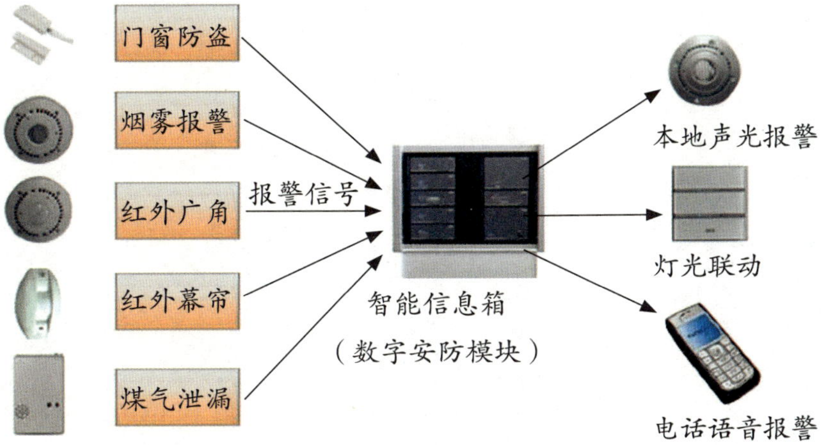

图 2–14　家庭防盗报警系统

当主人外出时，可通过智能控制主机键盘操作开启防盗系统（布防），再锁门离开（也可通过随身携带的无线遥控器进行布防）。主人回家时，只须在智能控制主机上输入密码解除防盗系统（撤防），室内的红外线探测器、门磁开关将停止工作，以避免主人在家时发生误报（也可通过随身携带的无线遥控器进行撤防）。睡眠时也可对指定的区域进行布防。如住户外出时忘了撤/布防，也可通过电话或计算机进行远程撤/布防操作。

住户在家也可以对系统进行在家布防，尤其是夜晚睡觉时，系统也能保证安全。同时，也可按动随身携带的无线紧急求助按钮，向监控中心发出火灾、盗警、医疗等求救信号。紧急求助按钮和燃气泄漏探测器的报警不受密码控制，24 小时处于戒备状态。当然，升级后的 Powermax+ 智能安防控制主机还可有多个计算机扩展接口，住户可以直接连上计算机并通过信息传输网络直接上网；如果没有网络，通过 GSM 移动电话网络也可以传送到你设定的电话上。

第三章 智能窗户

——雨水传感器、光敏传感器的应用

学习体验

观察与思考

同学们，你们有没有为每天都要收放窗帘而感到烦恼呢？当你外出期间，突然刮风下雨，而家里窗户未关时，是否会非常担心呢？不要急！我们这节课就教大家利用传感器，解决这一烦恼。

图 3–1　生活中的窗户自动化系统

任务

今天，我们来制作一个智能窗户，该窗户下雨时会自动关窗，并且根据光线强弱会收放窗帘。

项目筹备

（一）组建团队

请组建你的小组，交流讨论并对组内人员进行分工。

（二）准备器材

本项目需要的传感器和其他器材如表 3-1 所示。

表 3-1　器材清单

序　号	名　称	数　量	备　注
1	雨水传感器	1 个	检测是否有雨水
2	光敏传感器	1 个	检测光线明暗
3	马达	1 个	动力装置
4	机器人 DIY 主板	1 块	主控器
5	结构件	1 套	搭建外观
6	布料、铜柱、螺丝	若干	固定结构
7	布料	少许	搭建窗帘

结构件清单如下：

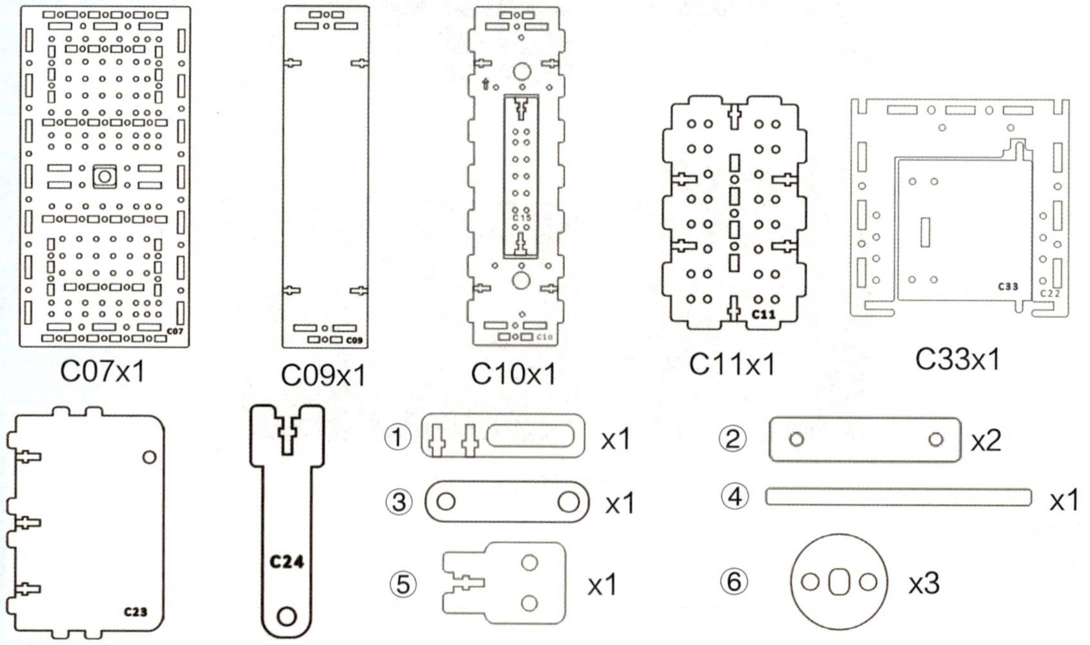

辅助结构件

（三）知识储备

1. 雨水传感器。

雨水传感器的作用是检测是否有水滴，如果有水滴，传感器返回数值 1，否则返回数值 0。雨水传感器的编程图标为 雨水 数字端口 端口▾ ，雨水传感器与主板连线如图 3–2 所示。

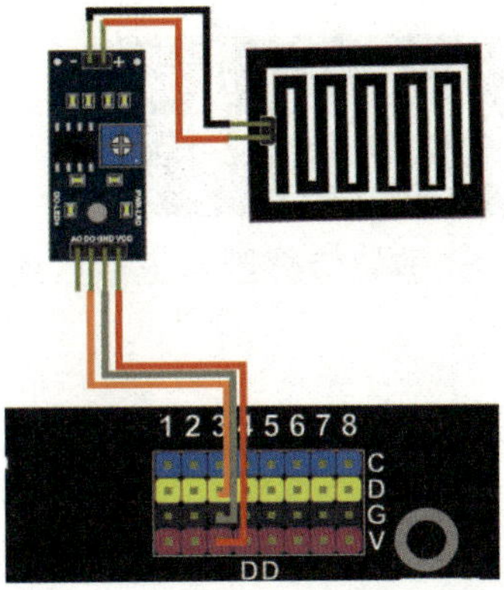

图 3–2　雨水传感器与主板连线图

2. 舵机。

舵机是机器人主板的执行部件，它的机械臂转动的范围一般在 0—180° 之间。舵机编程图标为 舵机 数字端口 端口▾ 角度 90 ，舵机与主板的连线如图 3–3 所示。

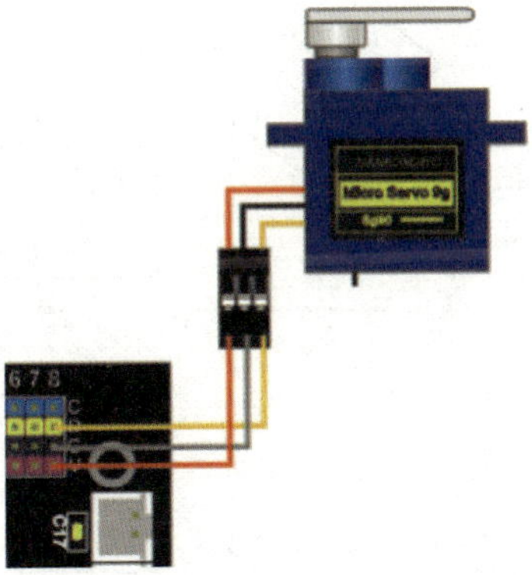

图 3–3　舵机与主板连线图

3. 光敏传感器。

光敏传感器主要是检测周围环境光的亮度，光线的强弱用 0—255 的数值来表示，光线越强数值越小。光敏的编程图标为 光敏 模拟端口 端口▾ 。光敏传感器接在主板的模拟口，接线图如图 3–4 所示。

图 3–4　光敏感传感器与主板接线图

动手实践

（一）设计流程

根据任务分析我们可以画出图 3–5 所示的程序流程图。雨水传感器会传递信息给主板，通过舵机控制窗户开与关；利用光敏传感器来感应光线的强弱，并控制马达实现窗帘的收与放。

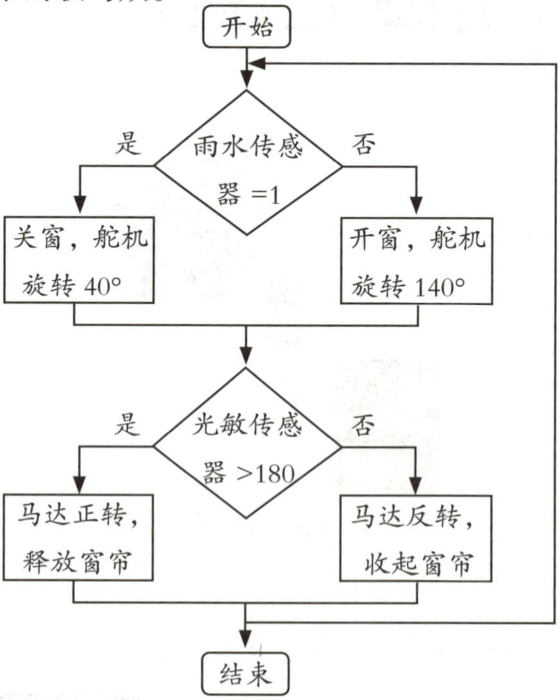

图 3–5　程序流程图

（二）实物制作

智能窗户的制作分两部分，第一部分是安装窗户，第二部分是线路连接。具体制作过程如下：

1. 搭建框架和窗户。

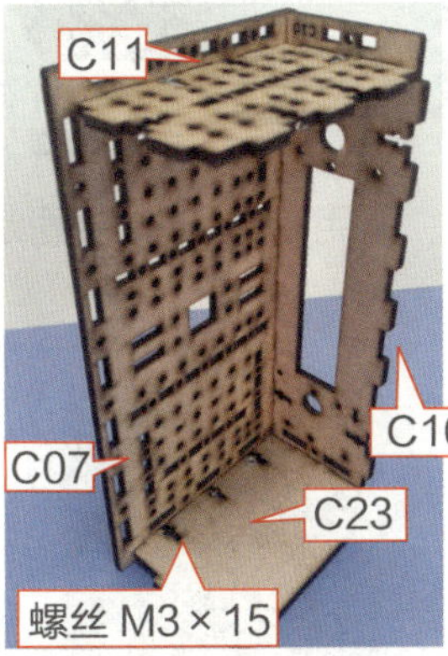

图 3-6　框架搭建

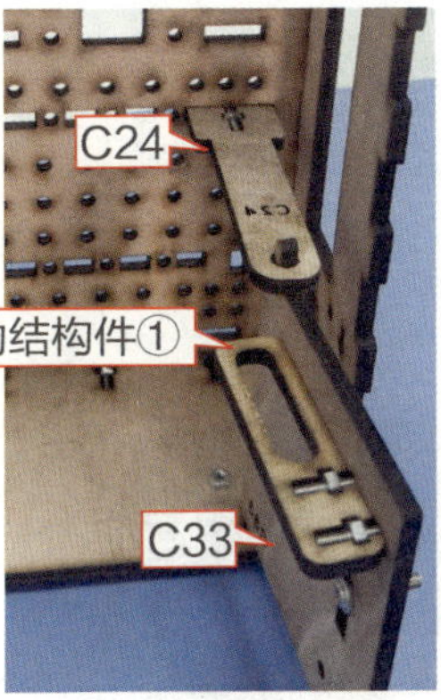

图 3-7　安装窗门

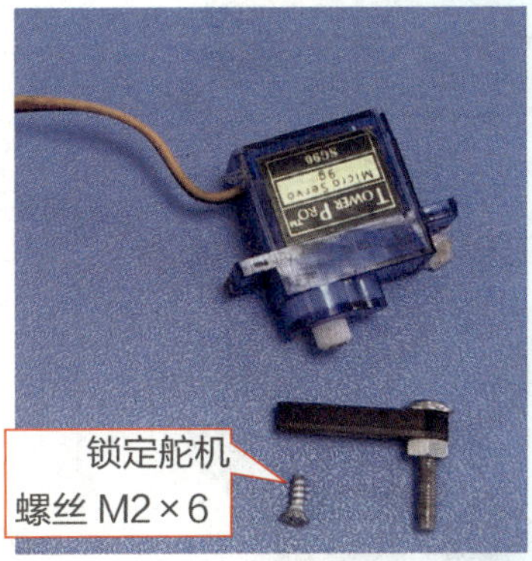

图 3-8　锁定舵机与力臂

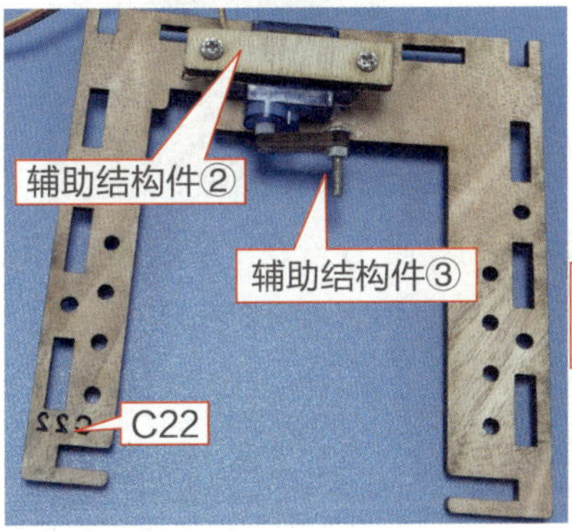

图 3-9　固定舵机

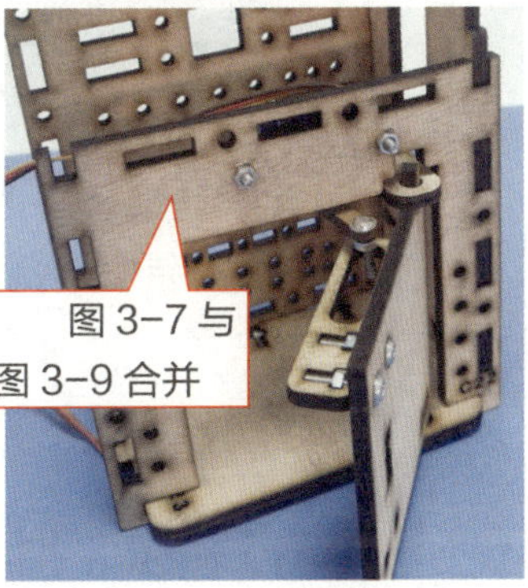

图 3-10　合并窗户框架

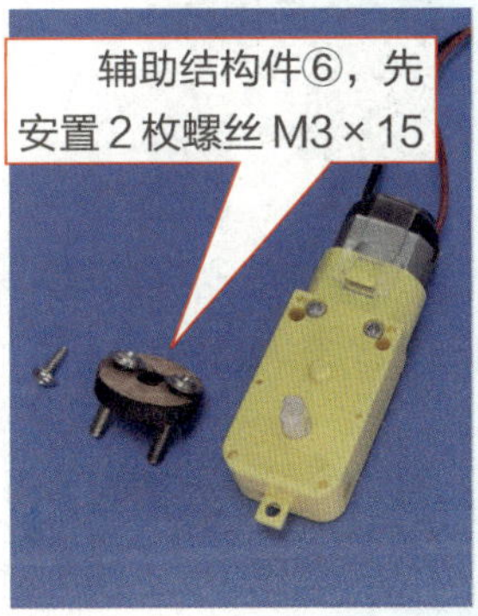

3-11　电机与转轴附件

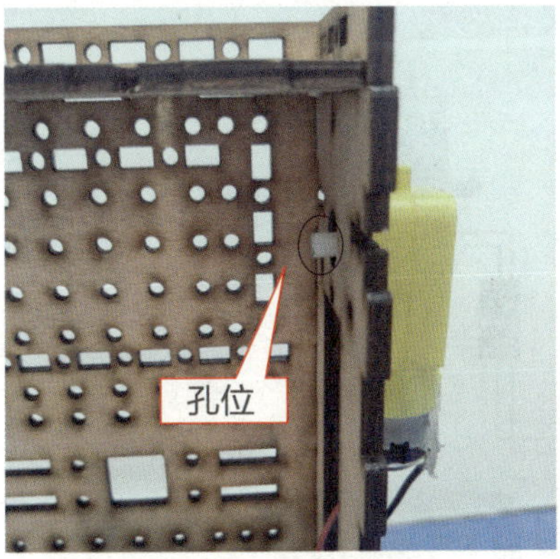

图 3-12　电机对准孔位

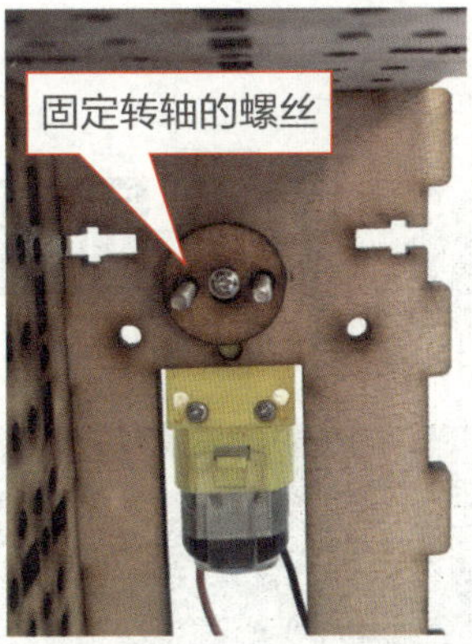

图 3-13　用螺丝把转轴附件固定在马达上

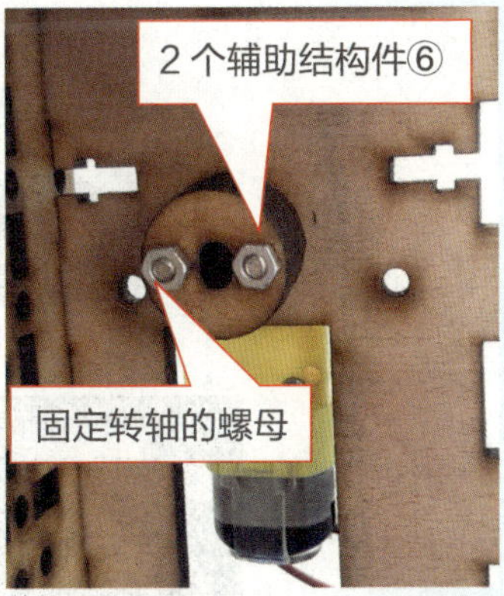

图 3-14　增加 2 个同样的转轴附件并用螺母固定

图 3-15　固定 3 个转轴附件的侧面效果图

图 3-16　制作窗帘

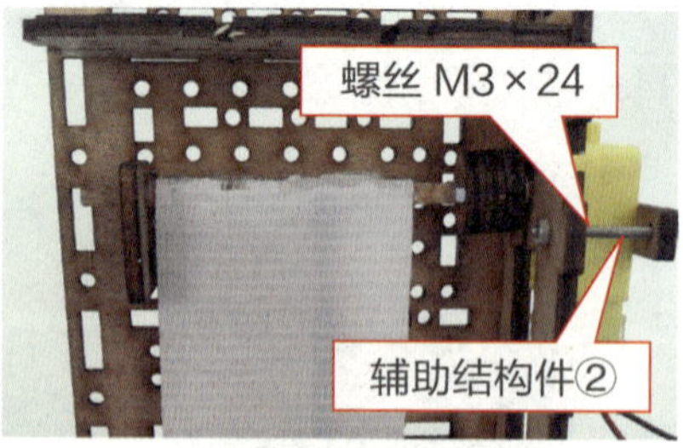

图 3-17　利用辅助结构件固定电机

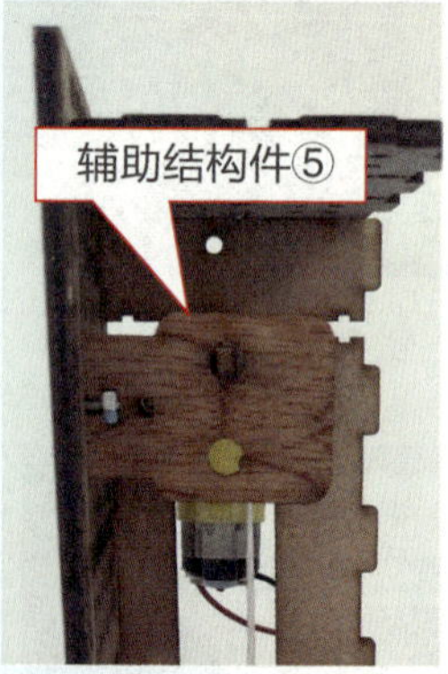

图 3-18　左侧安装辅助结构件，固定窗帘

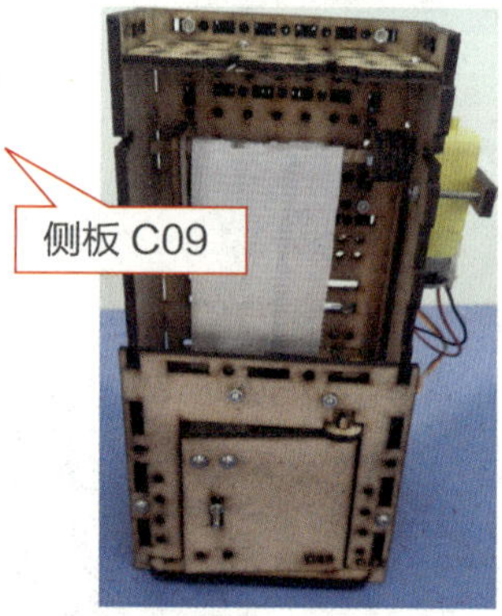

图 3-19　安装框架侧板

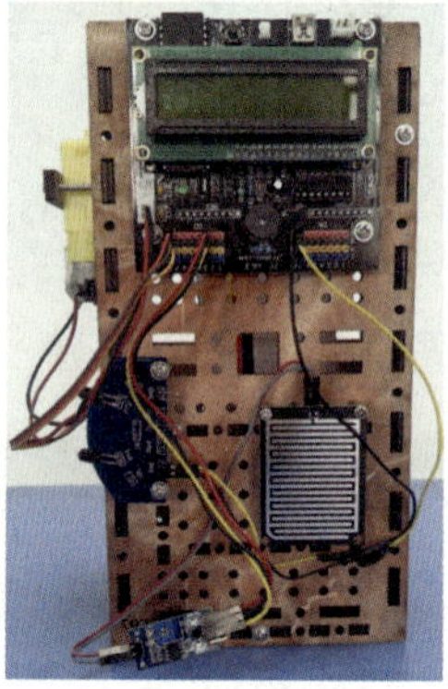

图 3-20　安装主板和传感器

2. 传感器和主板的连接。

传感器和主板的接线如图 3-12 所示。烟雾传感器接在模拟端口 1，温度传感器接在数字端口 3，湿度传感器接在数字端口 7（接线时注意红色线对准端口 V）。

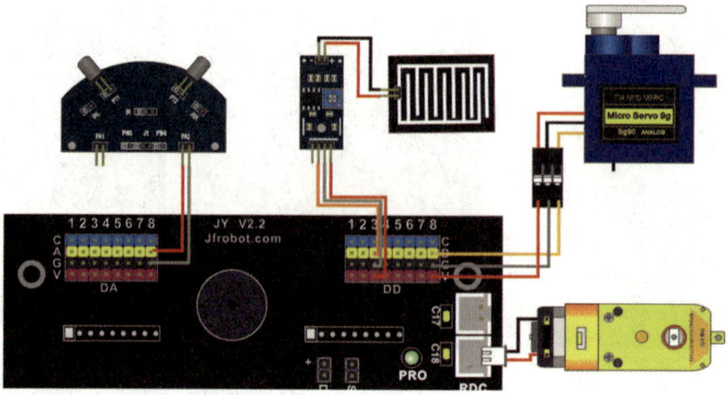

图 3-21　整体连线图

（三）编程调试

打开 Scratch 编程软件，按照以下步骤来进行编程调试并运行。

1. 检测环境光的亮度和雨水传感器的数值，程序如图 3–22 所示。

图 3–22　检测亮度和雨水数值

观察：用手电筒照射光敏传感器并观察显示屏的数值（若无法正常显示，检查光敏模块的正负是否接反）；利用湿纸巾涂抹雨水传感器检测面板，观察显示屏的数值。得到的结论是________________。

2. 调试舵机，找出窗户开关的合适角度，程序如图 3–23 所示。

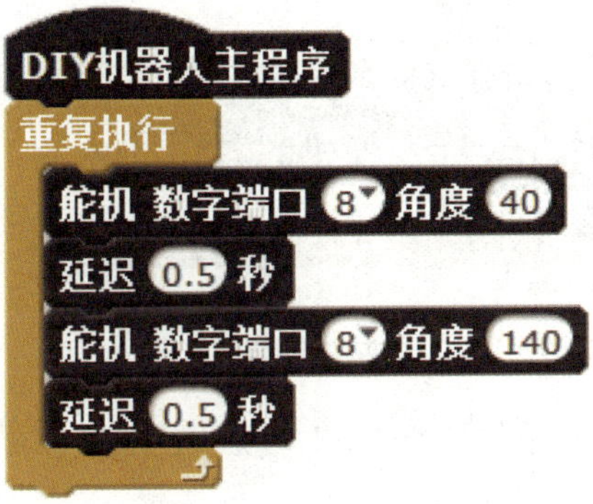

图 3–23　调试舵机

观察：同学们先观察舵机力臂与窗户的连接状态，判断能否正常开关窗户，再通过修改舵机的角度，观察窗户的开关情况。得到的结论是________________。

3. 根据光敏传感器、雨水传感器、舵机调试的数据，编写并调试主程序，如图 3–24 所示。

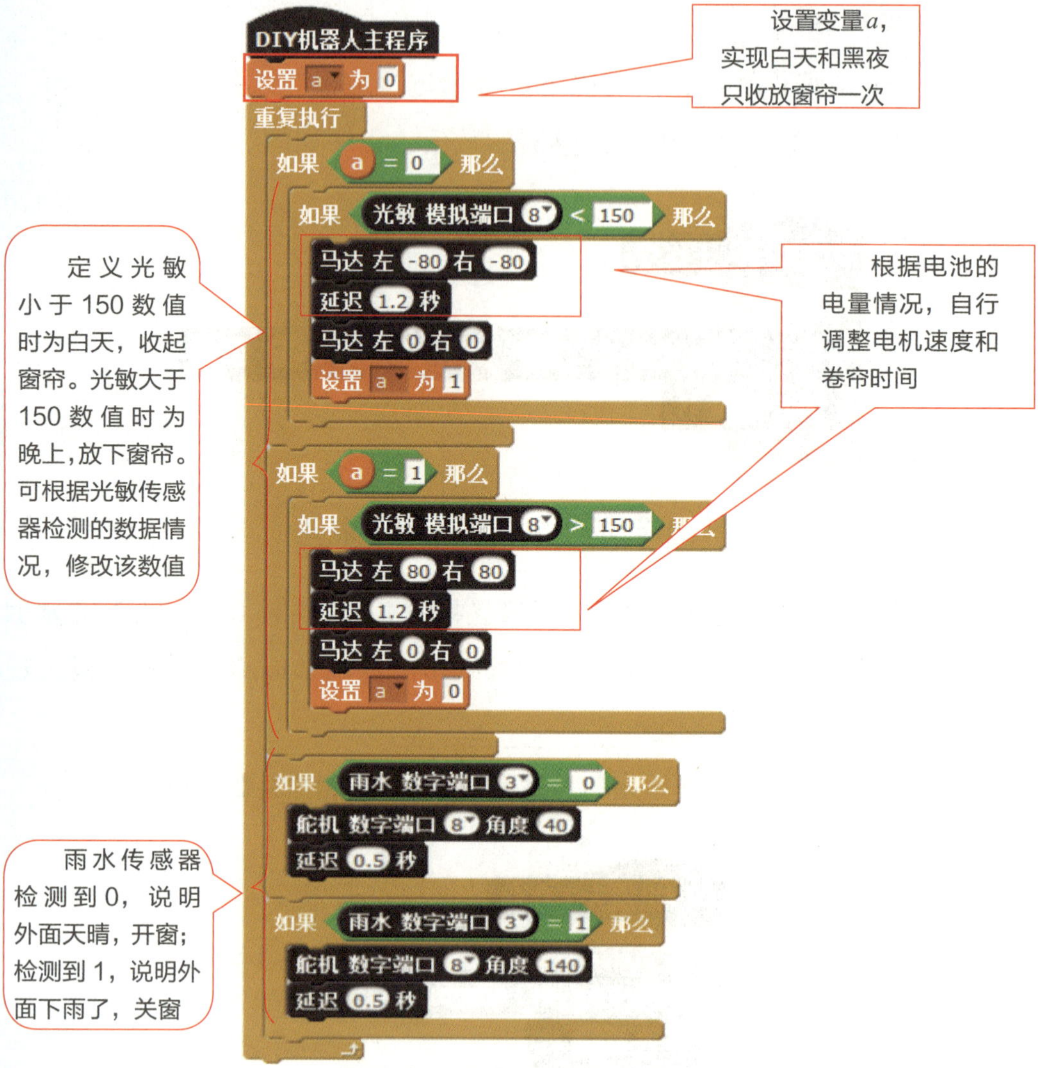

图 3–24　智能窗户程序

编写程序后，请同学们把程序下载到主板中运行调试，并在表 3–2 上填写调试记录。

表 3–2　调试记录表

序　号	内容和现象	修改的模块和参数
1	按下电源开关，调试雨水传感器，观察窗户是否能正常开关：________________	
2	按下电源开关，调试光敏传感器，观察马达是否能正常转动收放窗帘：________________	
3		

（四）完善修改

同学们，我们还可以继续完善智能窗户。如对利用 KT 板或纸板创作有特色的窗户，或设计各种开窗方式，又或对智能窗户的功能进行改进（如温度、空气、遥感、声控）。

创意物化

同学们，我们已经掌握了智能窗户的基本制作原理，在这里我们学会了舵机、雨水传感器、光敏传感器、马达组合的控制方式，这些传感器还能用来做什么呢?

1. 头脑风暴，确定主题。

请大家根据本节所掌握的知识，和小组成员尝试制作以下作品：（1）智能晾衣架；（2）智能台灯；（3）自己感兴趣的项目，与同学们分享。表3-3是创意物化作品的功能说明，请同学们选择自己感兴趣的项目来完成。

表 3-3　作品功能说明

序　号	项　目	功　能
1	智能晾衣架	感知雨水，智能收衣服
2	智能台灯	感知光线，调节灯的明亮度
3		

2. 小组分工，完成表 3–4。

表 3–4　小组人员分工表

项目名称：________	组别：________	
分工内容	姓名	备注
设计组		
编程组		
美工组		
操作组		
讲解组		

3. 完成作品设计图。

4. 制作过程记录。

交流评价

1. 向同学们展示自己的作品，同时收集同学们给你的意见，并把你的优化计划写在下面。

2. 请同学们利用作品评价表 3–5 对同学或自己的作品进行评价。

表 3–5　作品评价表

评价与收获，请为小星星涂上颜色				
评价指标	创新创意	技术功能	外观设计	分享表达
自己评价	☆☆☆☆☆	☆☆☆☆☆	☆☆☆☆☆	☆☆☆☆☆
学生评价	☆☆☆☆☆	☆☆☆☆☆	☆☆☆☆☆	☆☆☆☆☆
老师评价	☆☆☆☆☆	☆☆☆☆☆	☆☆☆☆☆	☆☆☆☆☆
作品改进建议：				

阅读拓展

智能窗户的发展现状

如今，对智能窗户的定义已经从最初的具有电致变色、光致变色等效果的玻璃门窗，发展到了采用变色玻璃和智能遮阳系统于一体，节能、安全、环保的，并安装了风雨检测、防盗、防劫、报警系统技术的门窗。它不但满足了人们对于窗户最为原始的采光要求，还丰富了窗户这一建筑主要部件的功能价值。并且随着能源危机、环境污染、全球变暖等问题的日益严峻，智能窗户也迅速成为研究的热点。

第四章 电梯机器人
——磁敏传感器的运用

学习体验

观察与思考

现在高楼林立，电梯给我们带来了很大的便利，减少了我们爬楼梯的辛苦。随着科技的发展，电梯种类也越来越多，例如酒店的观光电梯、超市里面的扶手电梯、商品房的家用电梯等等。同学们有没有思考过，为什么电梯能准确地停靠在某一楼层呢？这里面用到什么技术呢？为什么电梯能识别我们按下那一层楼的按钮呢？电梯又是采用怎样的算法来最快地运输每一层楼的乘客呢？

图 4-1　观光电梯

图 4-2　扶手电梯

任务

今天，我们来制作一台简易电梯，实现按下开关，就让电梯上相应楼层的功能。

项目筹备

（一）组建团队

请组建你的小组，交流讨论并对组内人员进行分工。

（二）准备器材

本项目需要的传感器和其他器材如表 4-1 所示。

表 4-1　器材清单

序　号	名　称	数　量	备　注
1	磁铁	2 个	安装在电梯载人模型的上下限位位置
2	霍尔传感器	2 个	检测电梯载人模型是否到达
3	触摸开关	2 个	用来做上下 2 层电梯的按钮
4	马达	1 个	电梯的动力部分
5	机器人 DIY 主板	1 块	主控器
6	结构件	1 套	搭建外观
7	螺丝	若干	连接结构

结构件清单如下：

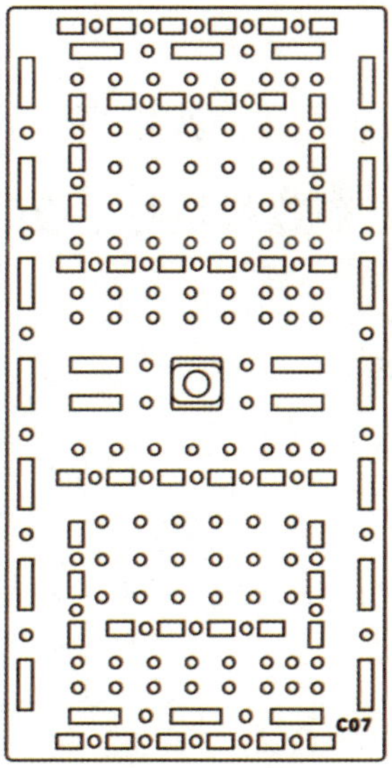

C07 × 1

C09 × 1

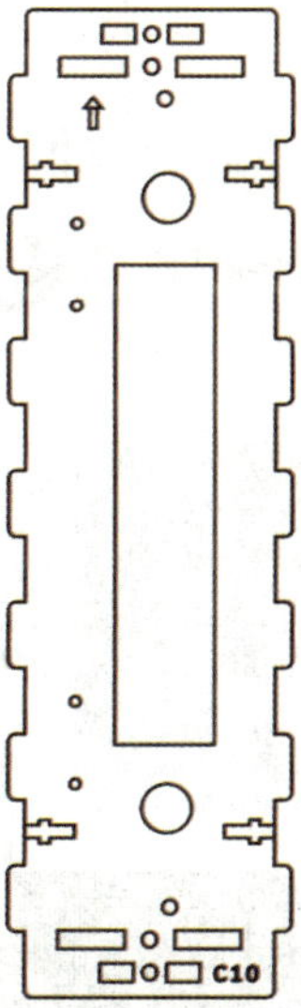

C10 × 1

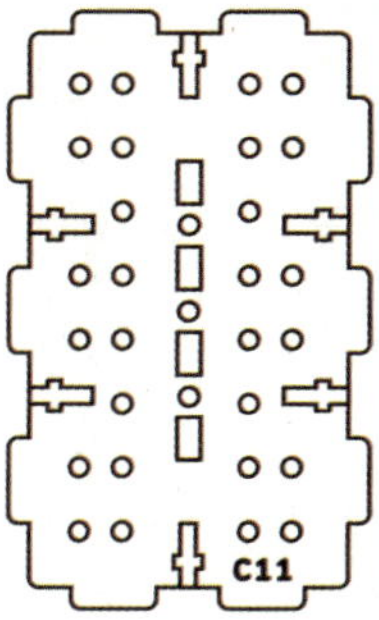

C11 × 1

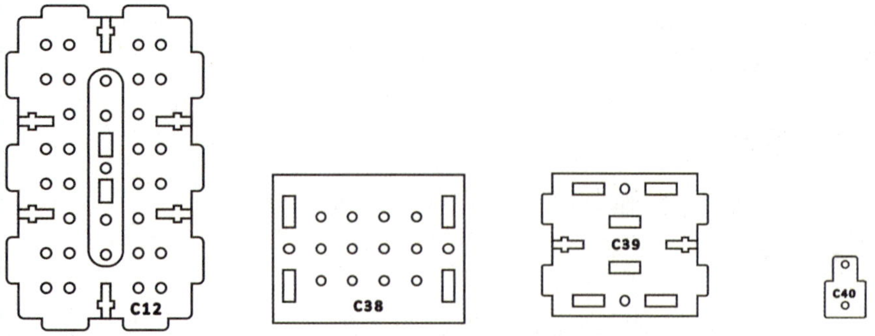

C12×1　　C38×2　　C39×4　　C40×2

（三）知识准备

1. 磁敏传感器。

磁敏传感器的作用是检测磁铁是否靠近，如果磁铁靠近，传感器返回数值1，如果没有，传感器返回的数值是0，我们可以通过调整电位器来调整磁敏传感器的灵敏度。磁敏传感器的编程图标为 磁敏 数字端口 端口▾ ，磁敏传感器和主板的接线如图 4–3 所示。

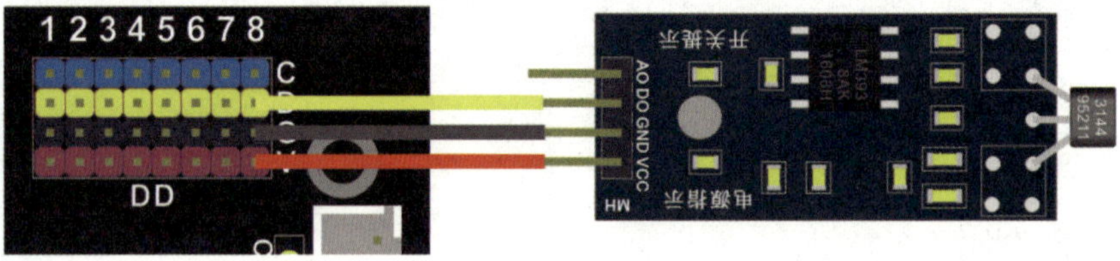

图 4–3　磁敏传感器和主板接线图

2. 触摸模块。

触摸模块相当于开关按钮，当我们用手摸一下模块触摸区时，就相当于我们按下开关。触摸模块的编程图标为 开关 数字端口 端口▾ ，触摸模块与主板的接线如图 4–4 所示。

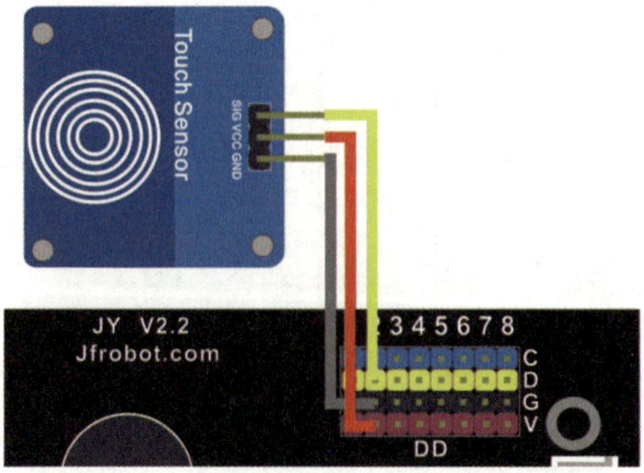

图 4–4　触摸模块和主板接线图

动手实践

（一）设计流程

根据任务分析，我们可以画出图 4–5 所示的程序流程图。当按下 1 楼的开关 1，模型下降，当磁敏 1 检测到模型降到 1 楼之后，马达停止；当按下 2 楼开关 2，模型上升，当磁敏 2 检测到模型升到 2 楼之后，马达停止。

> 小提示：
> （1）开关模块指的是触摸开关。
> （2）霍尔传感器如果接数字口，请同学们思考一下如何判断是否有磁铁。

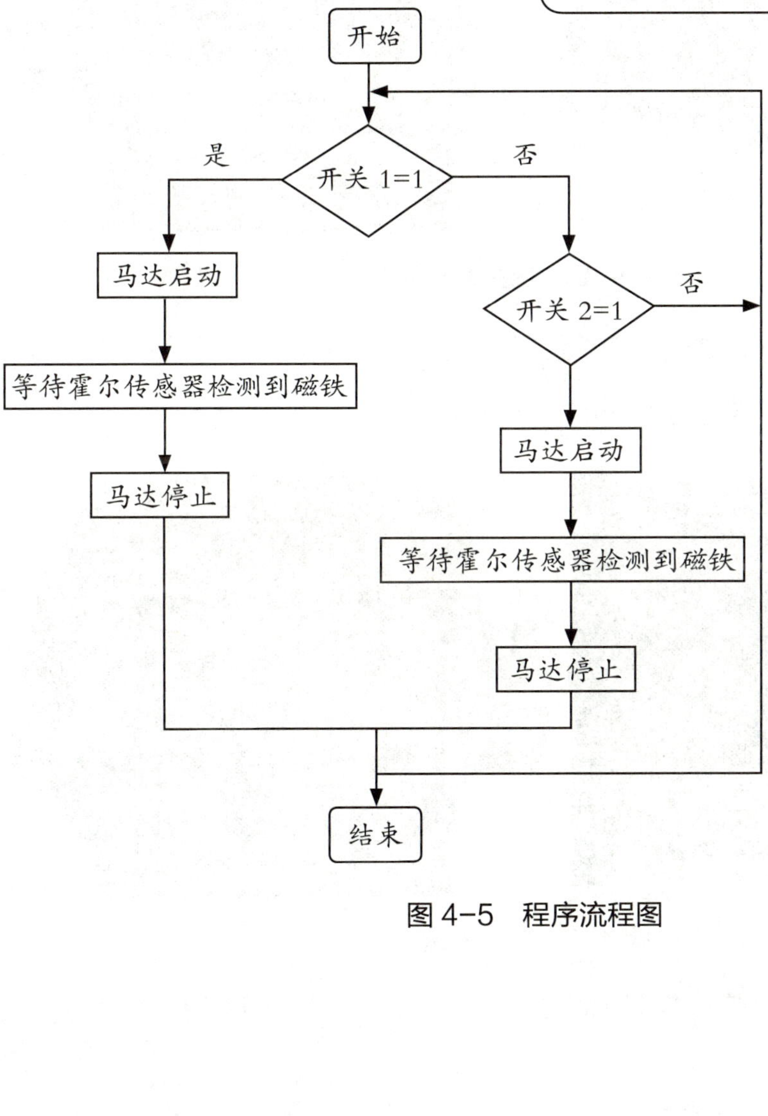

图 4–5　程序流程图

（二）制作实物

电梯的制作分为两部分，第一部分是模型的搭建，第二部分是传感器和主板的连接，具体制作步骤如下：

1. 载人模型、主体的搭建与传感器的安装。

主体的搭建需要的结构件编号是 C07、C09、C10、C11、C12、C38、C39、C40，主体搭建的过程如图 4–6 到图 4–14 所示。

载人模型的搭建需要 2 片 C38、4 片 C39、2 片 C40，搭建步骤如图 4–6 所示。

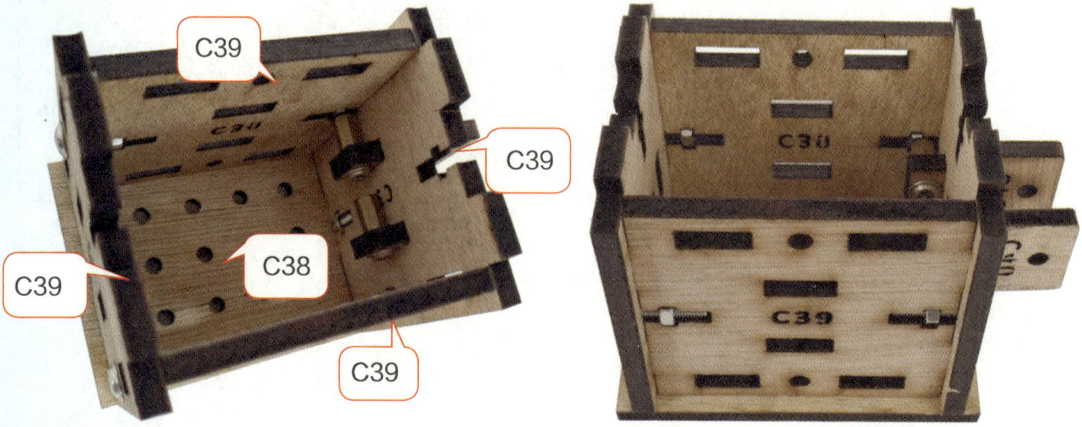

图 4–6　搭建载人模型

安装完图 4–6 之后，用一条棉线，穿过顶部 C38 板，和图 4–6 的框架整合在一起，并安装好磁铁，效果如图 4–7 所示。

图 4–7　磁铁安装

主体的搭建需要的结构件是 C07、C09、C10、C11、C12、C39、C40，主

体搭建的过程如图 4–8 到 4–14 所示。

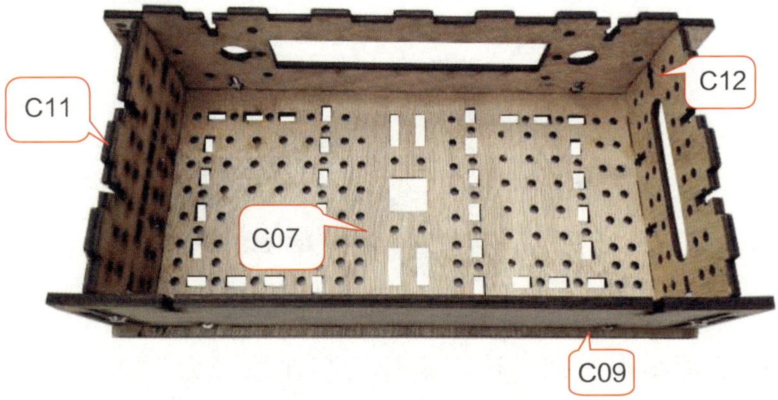

图 4–8　主体框架搭建

在 C07 面板后面，安装好主板，C10 面板安装好磁敏传感器，效果如图 4–9 所示。

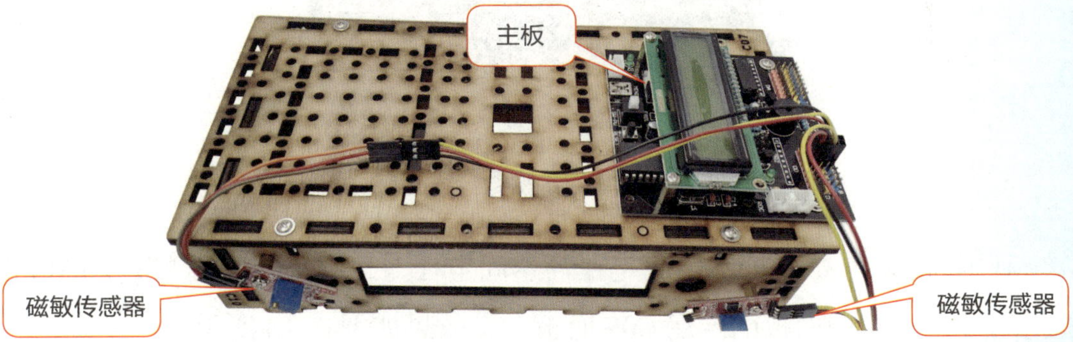

图 4–9　传感器安装

利用 M2 × 14 螺丝把 2 个触摸模块固定在编号为 C43 的面板上，效果如图 4–10 所示。

图 4–10　触摸模块安装

利用螺丝把圆轮片固定在马达上，并在边缘绑好一条棉线，效果如图 4-11 所示。

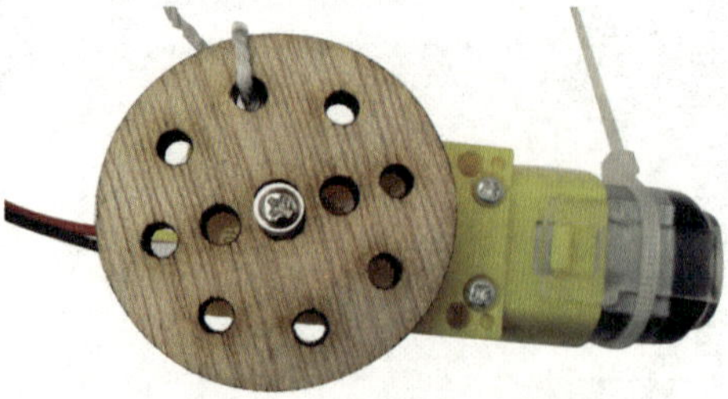

图 4-11　圆轮片安装

利用 M3 × 8 带帽螺丝把马达固定片安装在编号为 C12 的面板上，效果如图 4-12 所示。

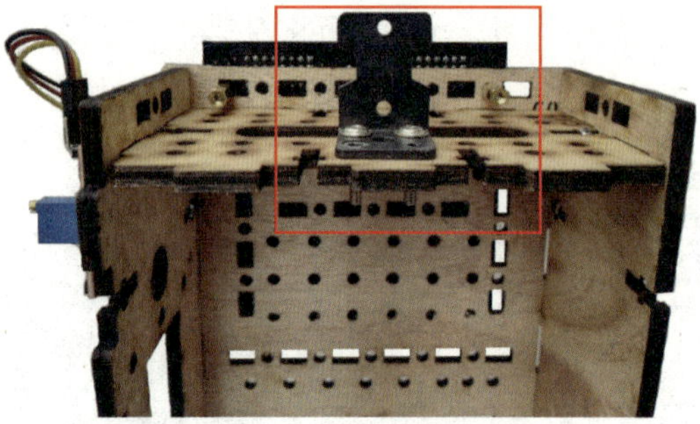

图 4-12　马达固定片安装

利用 M3 × 25 螺丝把马达固定在马达固定片上，利用 M3 × 8 螺丝和 M8 铜柱把编号为 C43 的面板固定在 C09 面板上，效果如图 4-13 所示。

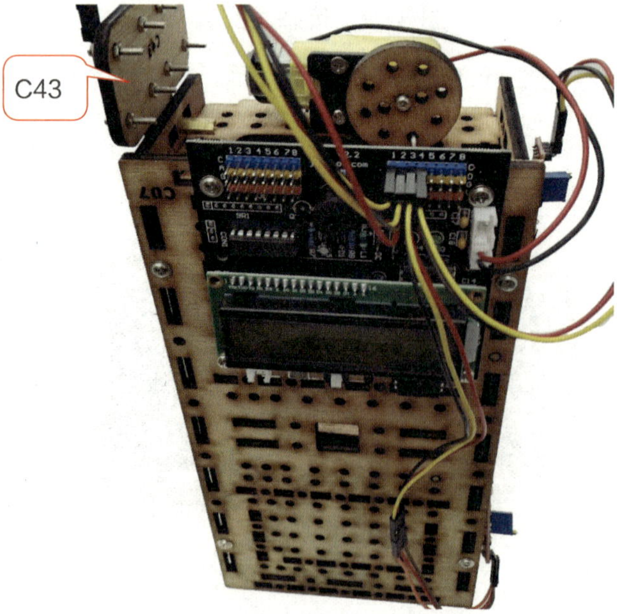

图 4-13　马达固定

利用 M12 铜柱和 M6 螺丝把载人模型固定在编号为 C10 的面板上，效果如图 4-14 所示。整体模型安装完毕。

图 4-14　载人模型固定

2. 传感器和主板的连接。

触摸开关 1 接在数字端口 1，触摸开关 2 接在数字端口 2，磁敏传感器 1 接在数字端口 3，磁敏传感器 2 接在数字端口 4，效果如图 4-15 所示。

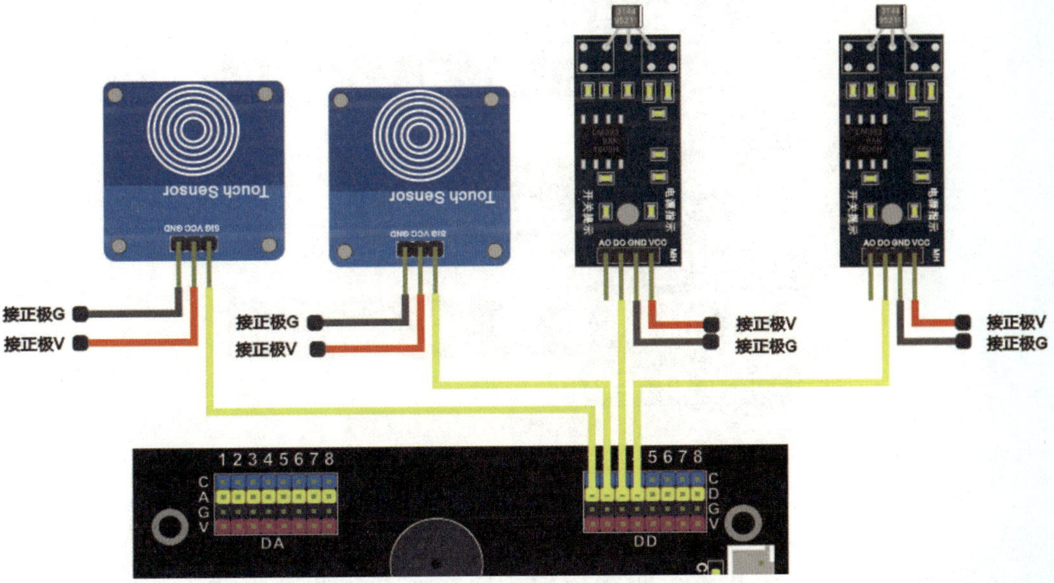

图 4-15　传感器与主板连接图

（三）编程调试

打开 Scratch 编程软件，按照以下步骤来进行编程调试并运行。

1. 按下 1 楼电梯按钮，电梯下 1 楼，程序如图 4–16 所示。

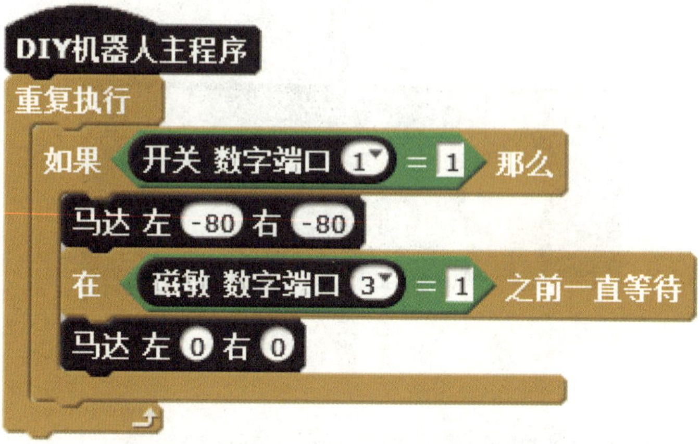

图 4–16　下楼程序图

2. 按下 2 楼电梯开关，电梯上 2 楼，程序如图 4–17 所示。

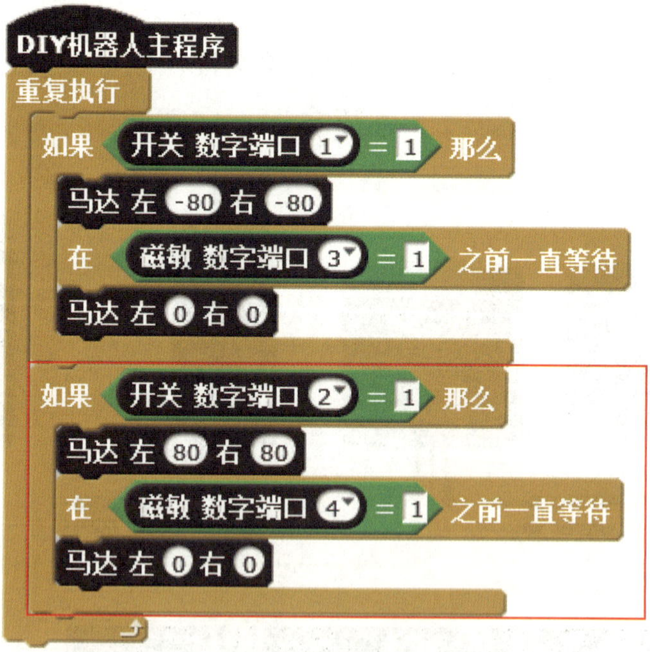

图 4–17　上楼程序图

请同学们在表 4–2 上填写调试过程，注意在开始调试之前，要把电梯载人模型放在 1 楼。

表 4-2　调试记录表

序　号	内容和现象	修改的模块和参数
1	按下二楼的开关，电梯是否上二楼：____________________	
2	按下一楼的开关，电梯是否下一楼：____________________	
3		

（四）修正完善

改造 1：请同学们对电梯的外形进行改造，做得更加专业。

改造 2：对目前的电梯进行改装，实现多层电梯。

思维发散

请同学们思考一下：对于上面的作品，我们还能做什么改进？有没有其他传感器同样能实现电梯的功能？

创意物化

同学们，我们已经掌握了电梯的基本制作原理，在这里我们学会了磁敏传感器的控制方式，磁敏传感器除了可以用来制作电梯之外，还能用来做什么呢？

1. 头脑风暴，确定主题。

请大家根据本节课所掌握的知识，尝试制作以下作品：（1）测速马达；（2）寻磁条送餐车；（3）自动门窗；（4）自己感兴趣的项目，与同学们分享。表 4-3 是创意物化作品的功能说明，请同学们选择自己感兴趣的项目来完成。

表 4-3 作品功能说明

序 号	项 目	功 能
1	测速马达	马达每转一圈，显示屏显示的圈数加 1
2	寻磁条送餐车	利用磁敏来检测磁条，沿着磁条走
3	自动门窗	利用磁敏来限定门窗开和关的幅度
4		

2. 小组分工，完成表 4-4。

表 4-4 小组人员分工表

项目名称：________	组别：________	
分工内容	姓名	备注
设计组		
编程组		
美工组		
操作组		
讲解组		

3. 完成作品设计图。

4. 制作过程记录。

交流评价

1. 向同学们展示自己的作品，同时收集同学们给你的意见，并把你的优化计划写在下面的框里。

2. 请同学们利用作品评价表 4–5 对同学或自己的作品进行评价。

表 4–5　作品评价表

评价与收获，请为小星星涂上颜色				
评价指标	创新创意	技术功能	外观设计	分享表达
自己评价	☆☆☆☆☆	☆☆☆☆☆	☆☆☆☆☆	☆☆☆☆☆
学生评价	☆☆☆☆☆	☆☆☆☆☆	☆☆☆☆☆	☆☆☆☆☆
老师评价	☆☆☆☆☆	☆☆☆☆☆	☆☆☆☆☆	☆☆☆☆☆
作品改进建议：				

阅读拓展

磁悬浮电梯的发展

图 4-18　磁悬浮电梯

磁悬浮电梯是一种将磁悬浮技术应用于电梯的产物。把磁悬浮列车竖起来开，但是其中还有很多技术问题有待解决。这种技术主要是通过结合运用磁铁的吸引及排斥作用使物体悬浮静止在半空。不像以往的旧式电梯需要靠垂直轨道牵引升降，它去除了传统电梯的钢缆、曳引机、钢丝导轨、配重、限速器、导向轮、配重轮等复杂的机械设备。新型的磁悬浮电梯在轿厢内装有磁铁，在移动时与电磁导轨（直线电机）上的电磁线圈通过磁力相互作用综合调整，使得轿厢与导轨“零接触”。由于不存在摩擦，磁悬浮电梯于运行时非常的安静并更加的舒适，还可以达到传统电梯无法企及的极高速。该种电梯是适用于楼宇用梯、发射平台及太空电梯等载人、载物的垂直运输设备。

该种电梯非常节能。它根据电磁感应原理可以利用电磁导轨切割磁感线的形式来回收轿厢动能及势能。

第五章 智能环境监测仪

——温湿度传感器、烟雾传感器的应用

学习体验

观察与思考

随着科技的日新月异，老百姓生活水平逐步提高，人们更希望生活和工作在绿水青山中。但众所周知，车辆、船舶、飞机的尾气，工业企业生产排放、居民生活取暖、垃圾焚烧等无时无刻不在污染着我们身边的空气。请同学们观察以下图片，组建团队完成任务卡的任务。

图 5-1　绿水青山

图 5-2　汽车尾气排放

图 5-3　工业废气排放

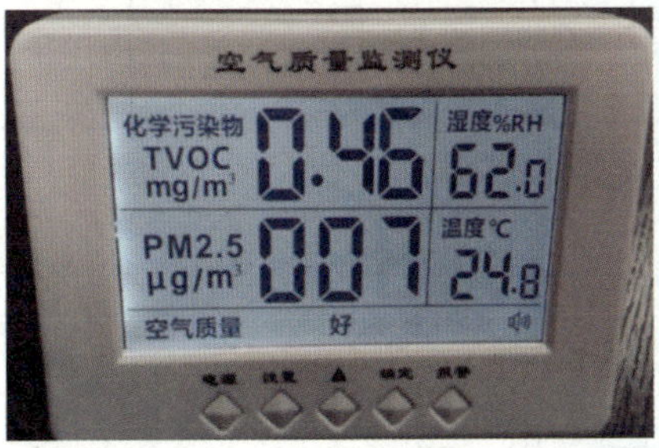

图 5-4　空气质量检测仪器

任务

今天，我们就来制作一个可以检测环境质量的环境检测仪，并用它来检测身边环境质量的情况。

项目筹备

（一）组建团队

请组建你的小组，交流讨论并对组内人员进行分工。

（二）准备器材

本项目需要的传感器和其他器材如表 5-1 所示。

表 5-1　器材清单

序　号	名　称	数　量	备　注
1	温湿度传感器	1 个	检测环境湿度
2	气体传感器	1 个	检测环境气体
3	温度传感器	1 个	检测环境温度（水温）
4	机器人 DIY 主板	1 块	主控器
5	结构件	1 套	搭建外观
6	螺丝、铜柱	若干	连接结构

结构件清单如下：

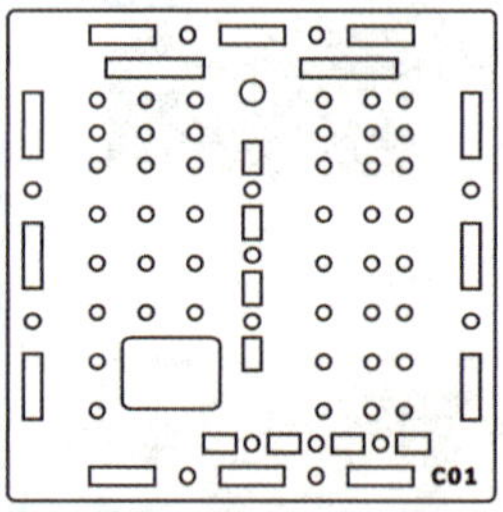

C01 × 1

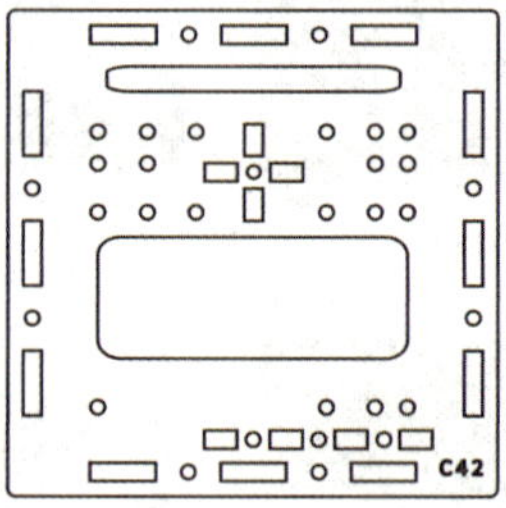

C42 × 1

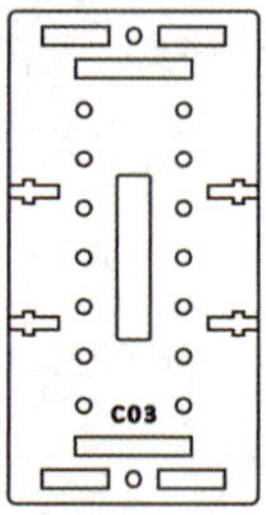

C03 × 1

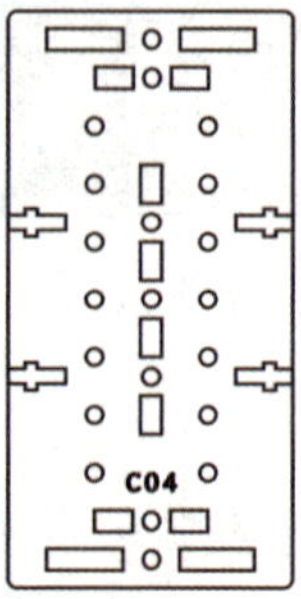

C04 × 1

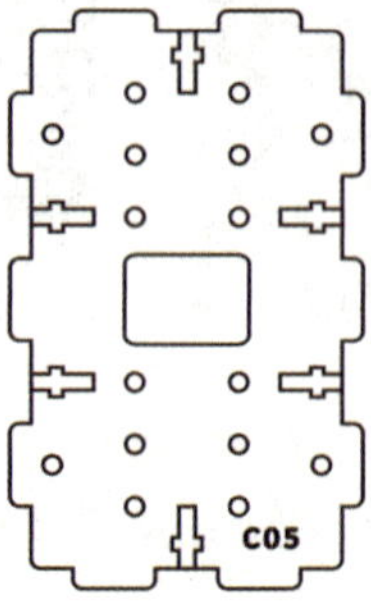

C05 × 1

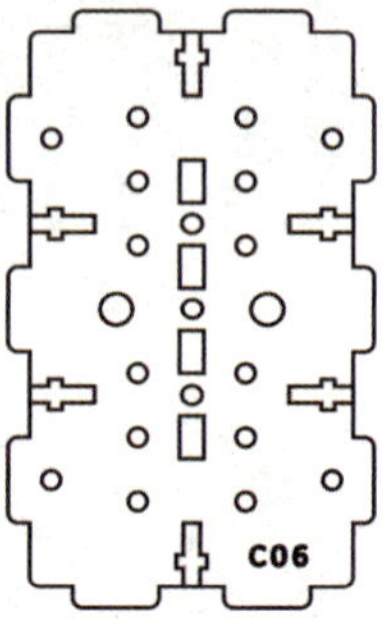

C06 × 1

（三）知识储备

1. 温湿度传感器。

温湿度传感器的作用是检测周围环境的温度和湿度，温湿度传感器的编程图标是 空气湿度 数字端口 7 。它和主板的接线如图 5–5 所示。

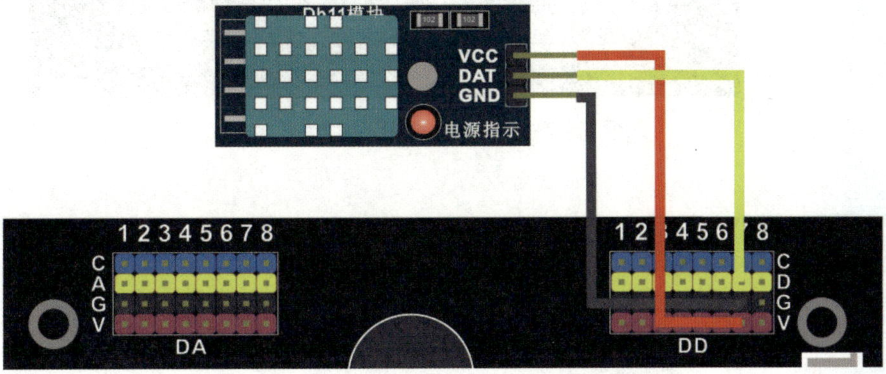

图 5–5　温湿度传感器与主板的接线图

2. 气体传感器。

气体传感器的作用是检测周围环境烟雾浓度的大小，气体传感器的编程图标是 烟雾 模拟端口 1 ，它和主板的接线如图 5–6 所示。

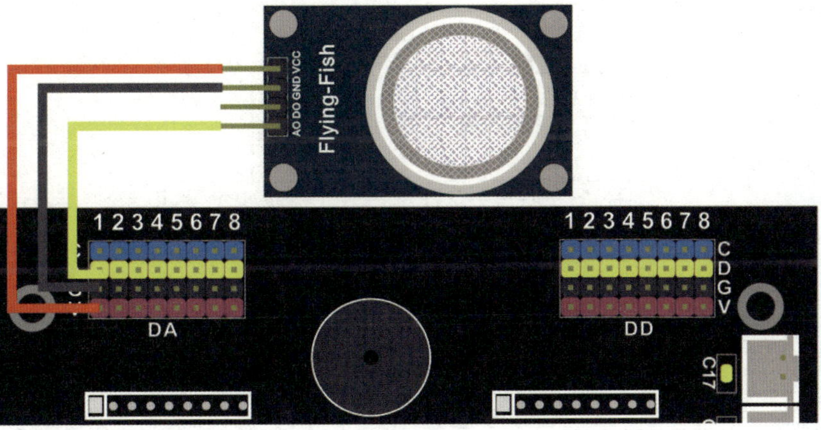

图 5–6　气体传感器与主板的接线图

3. 温度传感器。

温度传感器的作用是测量周围环境的温度，温度传感器的编程图标是 温度 数字端口 3 。它和主板的接线如图 5–7 所示。

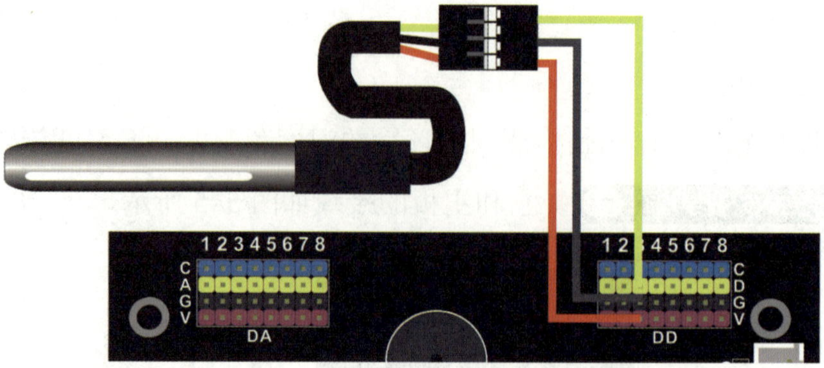

图 5-7　温度传感器与主板的接线图

动手实践

（一）设计流程

根据任务分析，我们可以画出图 5-8 的程序流程图。只要检测到环境温湿度与烟雾值有异常，就会通过蜂鸣器发出警报。

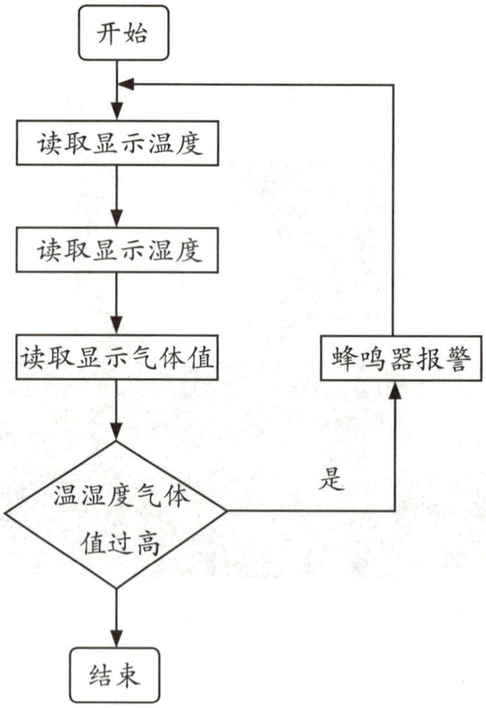

图 5-8　程序流程图

（二）实物制作

智能环境检测仪的安装分为两部分，第一部分是主体的搭建和传感器的安装，第二部分是传感器和主板的连线，具体制作过程如下。

1. 主体的搭建与传感器的安装。

主体的搭建需要的结构件编号是 C01、C42、C03、C04、C05、C06。首先用 M3 螺丝把主板安装在 C42 结构件上，效果如图 5-9 所示。

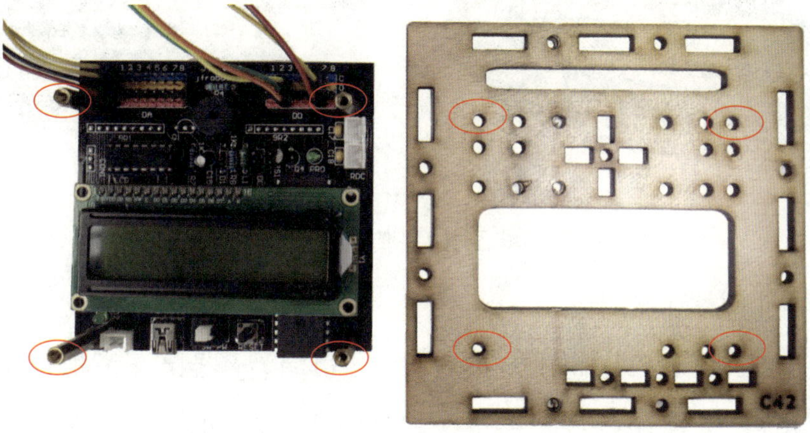

图 5-9 主板安装

将结构件 C03、C04、C05、C06 安装在 C42 结构件上，如图 5-10 所示。

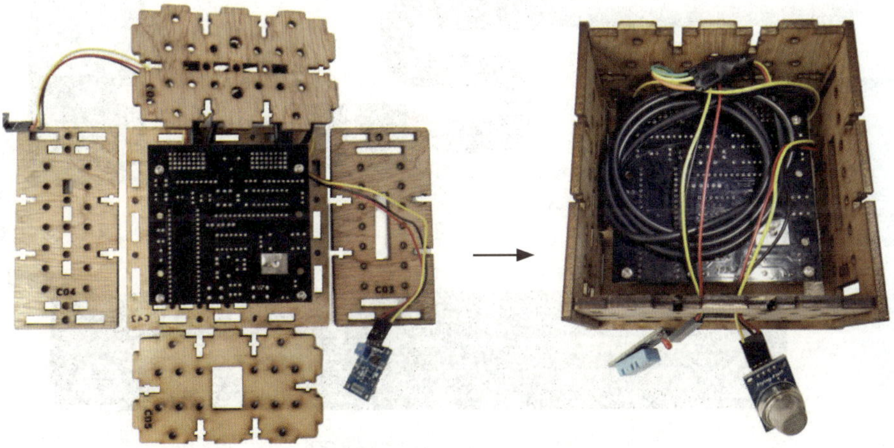

图 5-10 结构件安装

把结构件 C01 安装在背面，组合成盒子形状。并把温湿度传感器、温度传感器、气体传感器安装在外表面的小孔处，如图 5-11 所示。

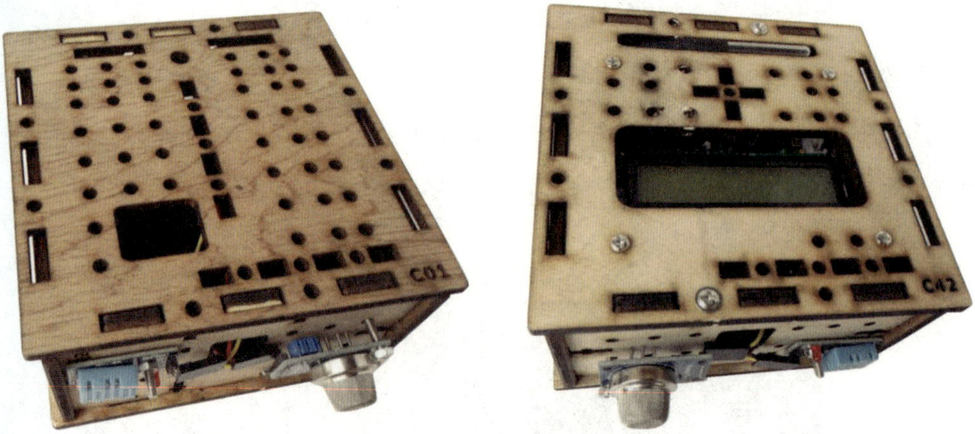

图 5-11　传感器安装

2. 传感器和主板的连接。

传感器和主板的接线如图 5-12 所示。气体传感器接在模拟口 1，温度传感器接在数字口 3，温湿度传感器接在数字口 7（接线时注意红色线对准 V）。

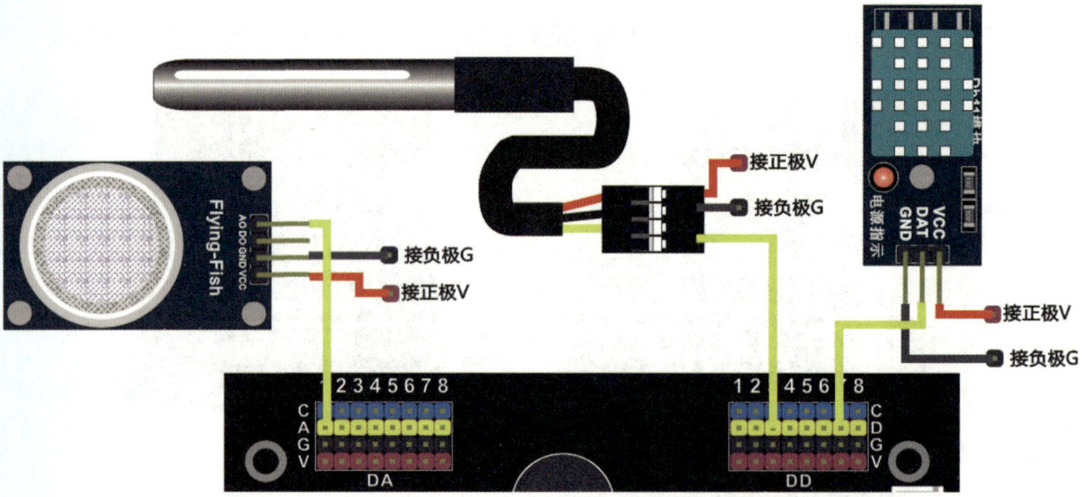

图 5-12　完整硬件接线图

（三）编写程序

打开 Scratch 编程软件，按照以下步骤进行编程调试并运行。

1. 先对屏幕进行清屏，然后在屏幕第一行用英文隔空提示温度、湿度和气体烟雾，第二行隔空显示对应传感器的值。如图 5-13 所示。

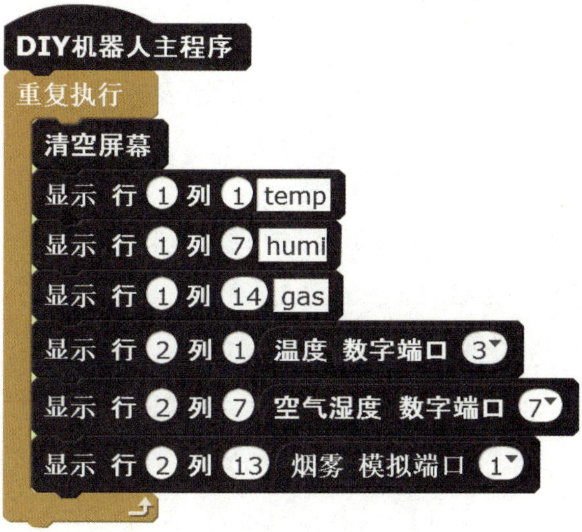

图 5-13　屏幕显示程序图

2. 编写温度、湿度、空气浓度过高报警。如图 5-14 所示。

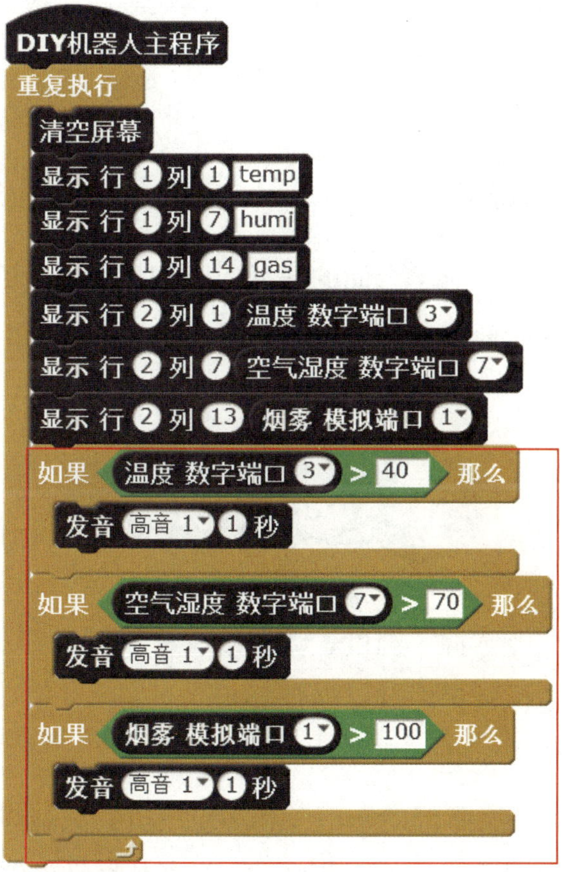

图 5-14　完整程序图

请同学们在表 5-2 上填写调试记录。

表 5-2 调试记录表

序号	内容和现象	修改的模块和参数
1	按下电源开关，观察数值显示是否有误，如果有误，可能是什么原因：________	
2	改变环境状态，观察检测数值是否变化：________	
3	还有其他问题吗？________	

（四）修正完善

请同学们开动脑筋，奇思妙想，制作自己特色的环境检测仪。例如：改进外观特色设计、增加新功能或创作新的检测模式等。完成后，要记得向同学们展示自己的作品。

思维发散

请同学们思考一下：对于上面的作品，我们还能做什么改进？有没有其他传感器同样能实现智能环境检测仪的各种功能？

创意物化

同学们，我们已经掌握了温度、温湿度、气体等传感器的使用方法和相关知识。我们还能利用这些传感器来做什么呢？

1. 头脑风暴，确定主题。

请大家根据本节课所掌握的知识，和小组成员尝试制作以下作品：（1）语音报警检测仪；（2）火警自动喷水仪；（3）彩色灯光告警仪；（4）自己感兴趣的项目，与同学们分享。表 5-3 是各项目的制作功能要求，请同学们选择自已感兴趣的项目来完成。

表 5-3　作品功能说明

序　号	项　目	功　能
1	语音报警检测仪	当环境异常时，用录音模块发出语音警告
2	火警自动喷水仪	当烟雾气体超标时，可以启动水泵喷水
3	彩色灯光告警仪	环境异常时，用不同的灯光进行警示
4		

2. 小组分工，完成表 5-4。

表 5-4　小组人员分工表

项目名称：____________　组别：____________		
分工内容	姓　名	备　注
设计组		
编程组		
美工组		
操作组		
讲解组		

3. 完成作品设计图。

4. 制作过程记录。

交流评价

1. 向同学们展示自己的作品，同时收集同学们给你的意见，并把你的优化计划写在下面的框里。

2. 请同学们利用作品评价表 5-5 对同学或自己的作品进行评价。

表 5-5　作品评价表

评价与收获，请为小星星涂上颜色				
评价指标	创新创意	技术功能	外观设计	分享表达
自己评价	☆☆☆☆☆	☆☆☆☆☆	☆☆☆☆☆	☆☆☆☆☆
学生评价	☆☆☆☆☆	☆☆☆☆☆	☆☆☆☆☆	☆☆☆☆☆
老师评价	☆☆☆☆☆	☆☆☆☆☆	☆☆☆☆☆	☆☆☆☆☆
作品改进建议：				

阅读拓展

检测空气质量的谷歌街景车

现在，谷歌街景车不但会采集街景做街景地图，而且还能检测当地空气质量了！据外媒报道，英国伦敦为了改善空气质量找来了谷歌帮忙，希望谷歌街景能够帮忙检测当地的空气质量，充当移动空气质量监测站。这还真是“一举两得”的事，一边采集着街景一边通过车上的传感器收集空气污染数据。

图 5-5　谷歌街景车

谷歌在进行“移动空气质量监测站”的工作时，利用车上的各种感应器收集当地空气污染等级、温度、湿度和气压等数据，并且在每 30 米更新一次数据，结合伦敦市内现有的 100 个固定的空气监测站点，可以说是相当接近实时的空气质量数据了。数据集合成为空气质量地图，更方便政府机构监控呢！看来伦敦在空气质量上的投入还是相当大的。

第六章 停车场道闸
——超声波传感器的运用

学习体验

观察与思考

随着车辆的增加，人们对停车场的需求越来越大。现在部分停车场是车辆在停车场入口处取停车卡，凭卡进入停车场，车辆离开时在停车场出口处归还停车卡并结算停车费。这样的停车场存在许多问题，如不知道停车场里还有没有空位，停车卡不见了或坏了就不能出停车场等。请同学们观察下面与停车场道闸相关的图片，并组建团队完成任务。

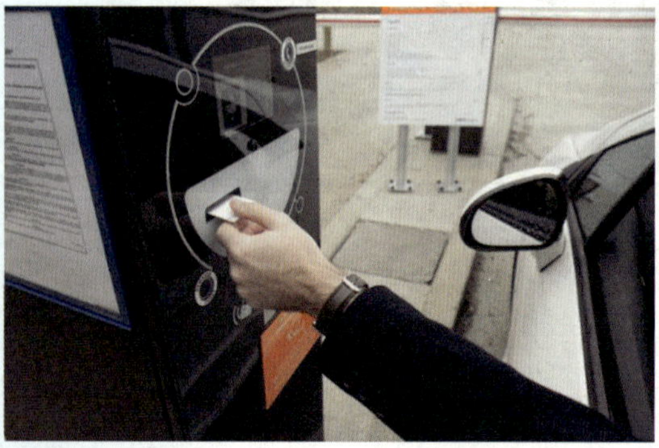

图 6-1　使用停车卡的停车场

图 6-2　无人值守停车场

任务

今天，我们就来制作一个可以显示剩余车位数并自动放行车辆的停车场道闸模型。

项目筹备

（一）组建团队

请组建你的小组，交流讨论并对组内人员进行分工。

（二）准备器材

本项目需要的传感器和其他器材如表 6-1 所示。

表 6-1　器材清单

序　号	名　称	数　量	备　注
1	超声波传感器	2 个	检测是否有物体靠近
2	舵机	2 个	用于举起、落下门杆
3	数码管	1 个	显示剩余的车位数
4	机器人 DIY 主板	1 块	主控器
5	结构件	1 套	搭建外观
6	螺丝、铜柱	若干	连接结构件
7	热熔胶枪、胶条	1 套	连接结构件

结构件清单如下：

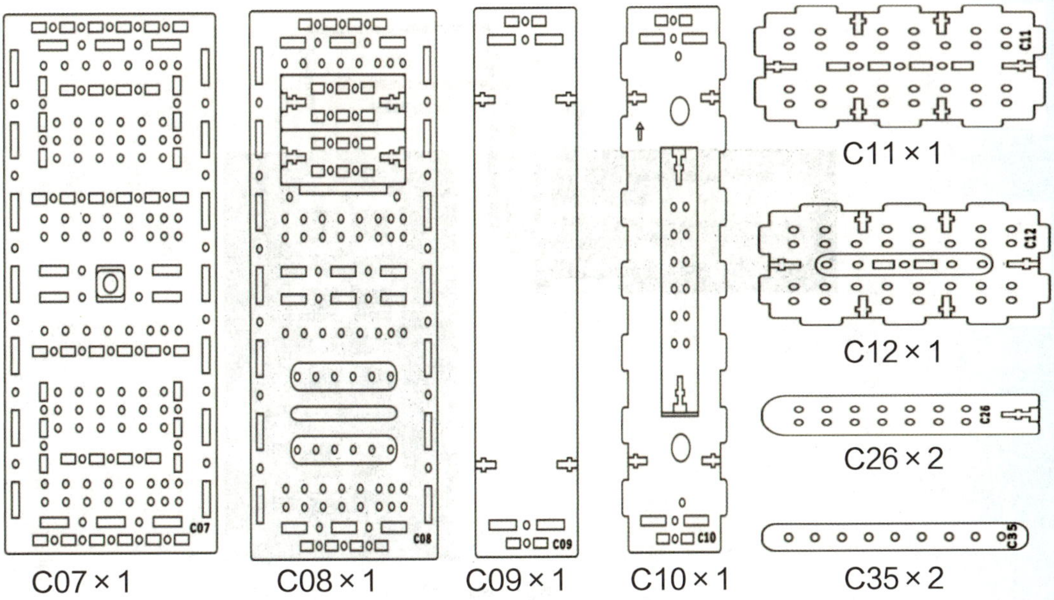

（三）知识准备

1. 超声波传感器。

超声波传感器的作用是发射与接收超声波，检测是否有车辆靠近。超声波传感器的编程图标是 超声波 数字端口 端口▾ ，其与主板的接线如图 6–3 所示。

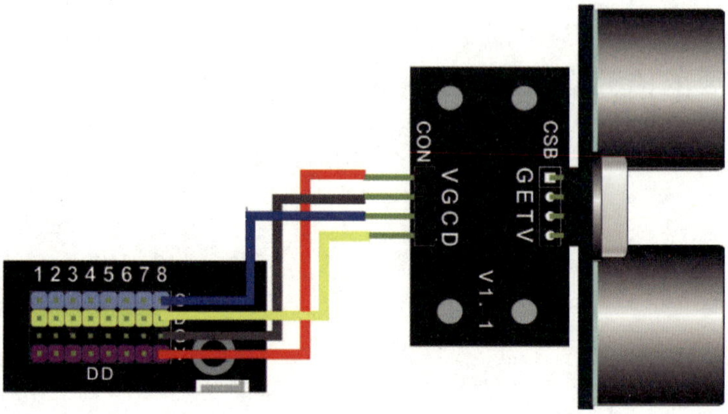

图 6–3　超声波传感器与主板接线图

2. 舵机。

舵机的作用是举起、落下门杆。舵机的编程图标为 舵机 数字端口 端口▾ 角度 90 。

3. 数码管。

数码管的作用是显示剩余的车位数。数码管的编程图标是 数码管 端口▾ 显示 0 ，其与主板的接线如图 6–4 所示。

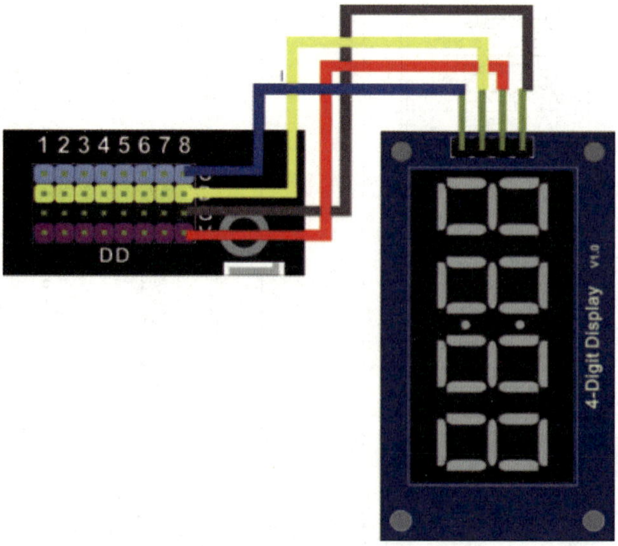

图 6–4　数码管与主板接线图

动手实践

（一）设计流程

根据任务分析，我们可以画出图 6–5 的停车场道闸程序流程图。

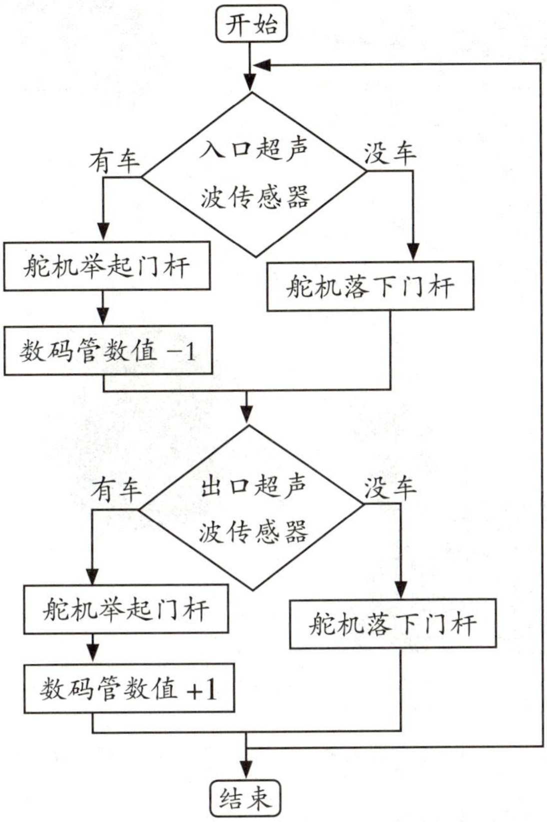

小提示：

舵机的角度是 0—180，超声波传感器返回的数值是 0—255。

图 6–5　停车场道闸程序流程图

（二）制作实物

停车场的制作分为两部分，第一部分是模型的制作，第二部分是传感器和动力部分的拼装，其制作步骤如下。

1. 模型的制作。

取出 1 片结构件 C07，2 片结构件 C26，如图 6–6 所示，用螺丝把 2 片 C26 固定在 C07 两侧。

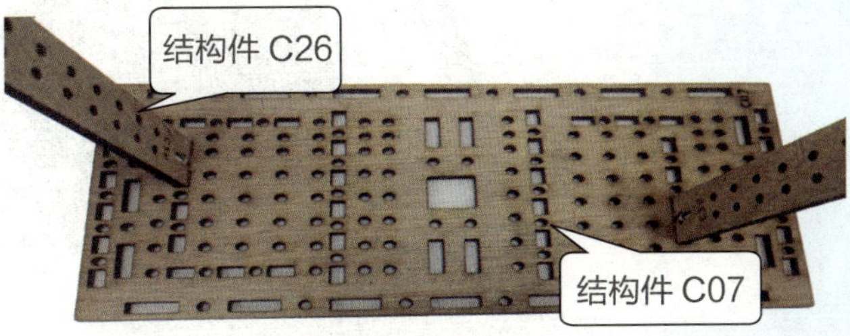

图 6–6　使用螺丝把 2 片 C26 立起来

使用热熔胶把舵机摆臂与结构件C32粘在一起。使用舵机卡扣把舵机固定，然后把摆臂接在舵机上，注意保持水平。（使用前要编写程序找出舵机水平位置与摆动方向，然后再装上摆臂。）

图 6–7　舵机组装

使用螺丝把舵机装在结构件 C26 上，位置如图 6–8 所示。

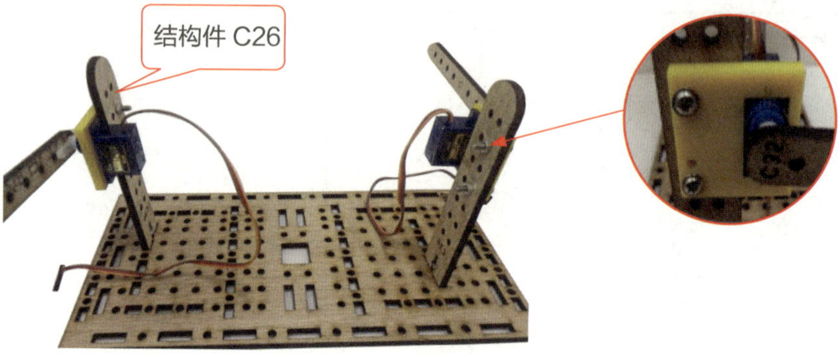

图 6–8　舵机固定

如图 6–9 所示，在结构件 C07 指定位置上安装铜柱，并把超声波传感器安装到 C07 板上。把数显管用热熔胶粘在结构件 C07 中央。

图 6–9　传感器安装

如图 6-10 所示，使用铜柱把 DIY 主板安装在 C08 上。

图 6-10　主板固定

使用螺丝把结构件 C10、C11、C12 安装到结构件 C08 上，如图 6-11 所示，这样，基底便搭建好了。

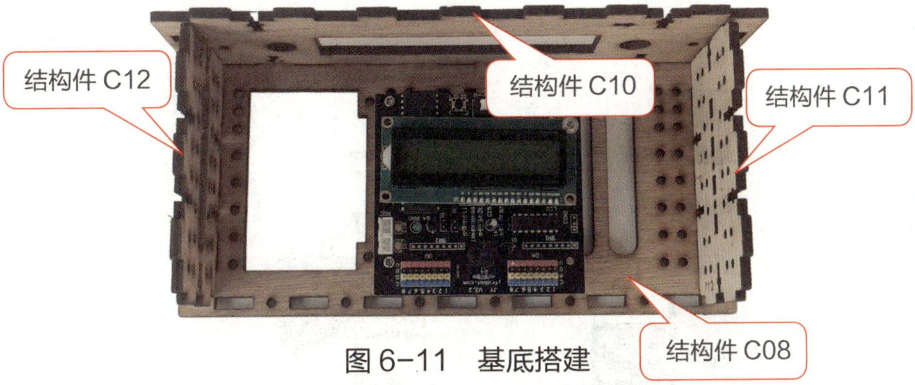

图 6-11　基底搭建

把结构件 C07 对接在基底上，并把左边的超声波传感器接在数字端口 1 上；右边的超声波传感器接在数字端口 2 上；左边的舵机接在数字端口 3 上；右边的舵机接在数字端口 4 上；数码管接在数字端口 5 上。效果如图 6-12 所示。

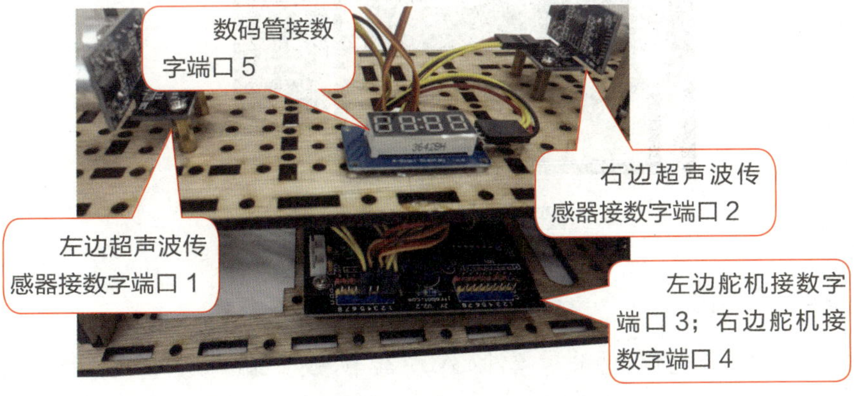

图 6-12　超声波传感器组装成型

使用螺丝把 C09 与 C11、C12 装在一起。电池从 C09 的调试口引线接在主板上。到此停车场模型便组装完成。

图 6-13　停车场道闸模型组装

2. 传感器与动力部分的拼装。

下面是完整的硬件接线图，如图 6-14。超声波接在数字口 1、2，舵机接在数字口 3、4，数码管接在数字口 5，接线的时候注意红色线对准 V。

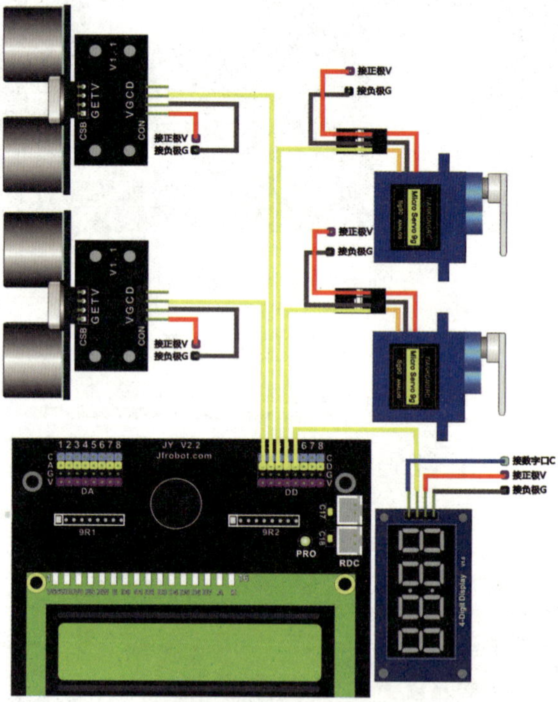

图 6-14　硬件接线图

（三）编写调试

1. 新建变量 *i*，用作记录停车场入库车辆数。新建变量 *s*，用作记录停车场剩余车位数。程序开始时，设置变量 *i* 与变量 *s* 的值为 0，如图 6-15 所示。

图 6-15　新建变量 i 和 s

2. 编写停车场入口程序。当有车停在入口处便举起门杆，让车通行，并显示剩余车位数。程序如图 6-16 所示。

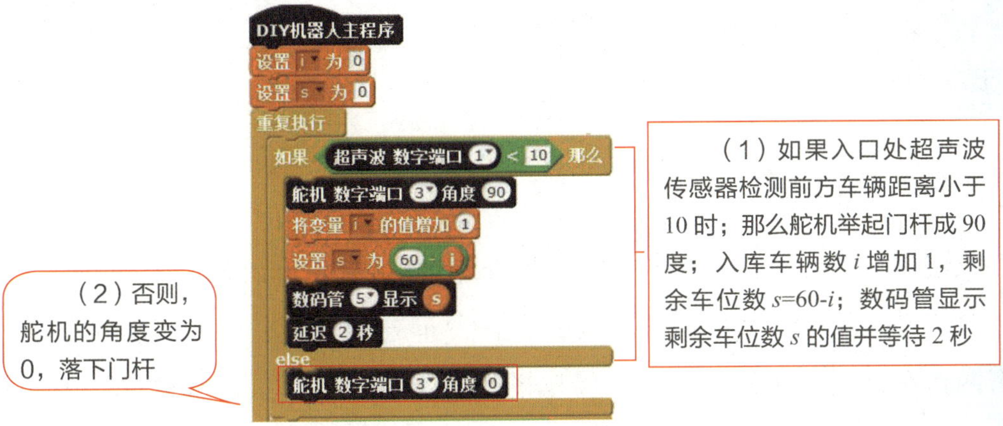

图 6-16　入口程序图

3. 编写停车场出口程序。当有车停在出口处便举起门杆，让车通行，并显示剩余车位数。程序如图 6-17 所示。

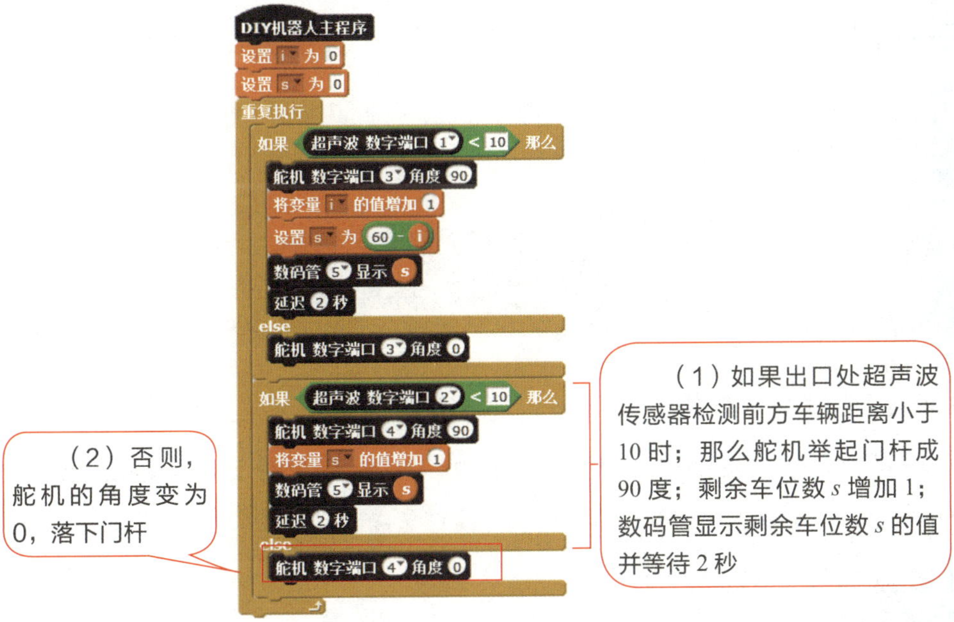

图 6-17　出口程序图

请同学们在表 6-2 上填写调试过程。

表 6-2　调试记录表

序　号	内容和现象	修改的模块和参数
1	把手放在离入口 5 cm 处，观察门杆状态与显示屏的数字：________	
2	把手放在离出口 5 cm 处，观察门杆状态与显示屏的数字：________	
3		

（四）修正完善

改造 1：请同学们对停车场的道闸外形进行改造，做得更加专业些。

改造 2：目前的停车场每次只能有一台车进停车声，一台车出停车场，如果有两台车同时进出停车场时，停车场就不能正常工作了。有没有什么好方法解决这个问题？（提示：可以用条件语句设定，先进后出或者先出后进。）

思维发散

请同学们思考一下：对于上面的作品，我们还能做什么改进？有没有其他传感器同样能实现停车场的功能？

创意物化

同学们通过学习舵机和超声波传感器的控制方式，已经掌握了智能停车场的基本原理。舵机和超声波传感器除了可以用来制作智能停车场之外，还能用来做什么呢？

1. 头脑风暴，确定主题。

请大家根据本节课所掌握的知识，尝试制作以下作品：（1）计圈器；

（2）倒车报警器；（3）身高测量仪；（4）自己感兴趣的项目，与同学们分享。表6–3是创意物化作品的功能说明，请同学们选择自己感兴趣的项目来完成。

表 6–3　作品功能说明

序　号	项　目	功　能
1	计圈器	利用超声波传感器检测是否有人经过终点，计算人跑的圈数
2	倒车报警器	用超声波传感器检测车后面的障碍物，提醒驾驶员
3	身高测量仪	使用超声波传感器来制作身高测量仪，通过超声波传感器检测头顶与超声波传感器之间的距离来计算身高
4		

2. 小组分工，完成表 6–4。

表 6–4　小组人员分工表

项目名称：____________	组别：____________	
分工内容	姓　名	备　注
设计组		
编程组		
美工组		
操作组		
讲解组		

3. 完成作品设计图。

4. 制作过程记录。

交流评价

1. 向同学们展示自己的作品，同时收集同学们给你的意见，并把你的优化计划写在下面的框里。

2. 请同学们利用作品评价表 6–5 对同学或自己的作品进行评价。

表 6–5　作品评价表

评价与收获，请为小星星涂上颜色				
评价指标	创新创意	技术功能	外观设计	分享表达
自己评价	☆☆☆☆☆	☆☆☆☆☆	☆☆☆☆☆	☆☆☆☆☆
学生评价	☆☆☆☆☆	☆☆☆☆☆	☆☆☆☆☆	☆☆☆☆☆
老师评价	☆☆☆☆☆	☆☆☆☆☆	☆☆☆☆☆	☆☆☆☆☆
作品改进建议：				

阅读拓展

超声波倒车辅助系统

目前，超声波倒车辅助系统技术已相当成熟，稳定性、灵敏度、经济性都比以往的倒车辅助系统好。20 世纪 90 年代，倒车辅助系统终于迎来技术上的突破，采纳了超声波作为检测媒介。超声波发射接收装置，俗称探头，主要有三大组成部件：铝合金外壳、陶瓷振荡片、吸音材料。

其工作原理是：微处理器发出命令后，瓷片起振，与铝合金外壳产生共振形成超声波，并向周围发射。四周及后方的音波是不需要的，须加吸音材料来降低这些干扰。超声波发射出去后，碰到障碍物，会形成回波，此回波又恰好由相同的铝合金外壳与瓷片以振动形式来接收。

图 6-18　超声波倒车辅助系统

微处理器以计算回波的时间差、方位差的方式来判断障碍物的位置。它的缺点是：障碍物、声波本身的特性，会导致不能检测某些障碍物。当障碍物为过细的钢丝和绳线等纤细物体、当障碍物为棉花或雪等吸收超声波的物体、当障碍物为边缘锋利的物体时，倒车辅助系统极有可能检测不到。

第七章 超市安保
——烟雾传感器、蓝牙传感器的应用

学习体验

观察与思考

随着科技的发展，与传统超市相比，未来超市的安保技术将会发生很大的变化，未来超市安保将不再是聘请保安来值班，而是完全有可能用超市安保机器人来代替。

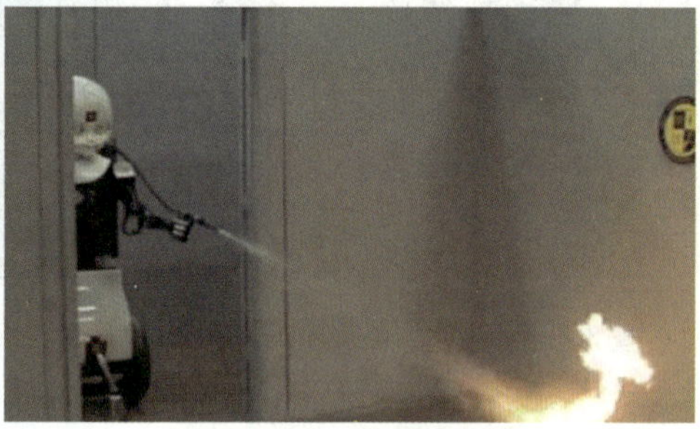

图 7-1　消防机器人

图 7-2　超市购物机器人

图 7-3　超市收费机器人

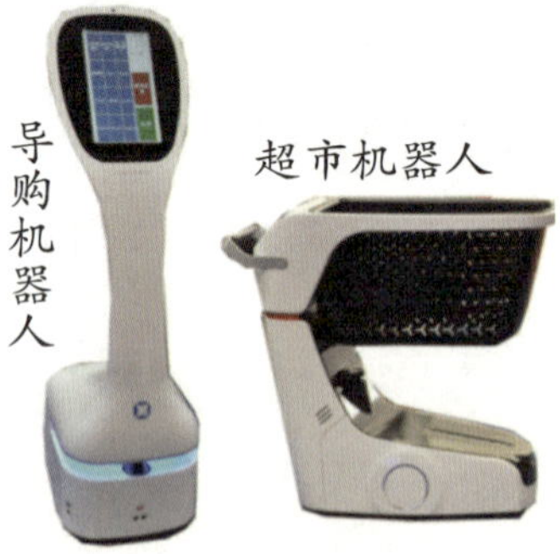

图 7-4　智能超市购物车

任务

今天，我们来制作一台超市安保机器人，实现如下功能：检测是否有盗贼盗窃或是否发生火灾，并通过蓝牙模块反馈信息，如果超市有危险就报警。

项目筹备

（一）组建团队

请组建你的小组，交流讨论并对组内人员进行分工。

（二）准备器材

本项目需要的传感器和其他器材如表 7–1 所示。

表 7–1　器材清单

序　号	名　称	数　量	备　注
1	人体红外传感器	1 个	检测是否有人
2	烟雾检测传感器	1 个	检测是否有烟雾
3	蓝牙模块	1 个	把环境信息发送到手机上
4	蜂鸣器	1 个	报警声音
5	机器人 DIY 主板	1 块	主控器
6	结构件	1 套	搭建外观
7	螺丝	若干	连接结构

结构件清单如下：

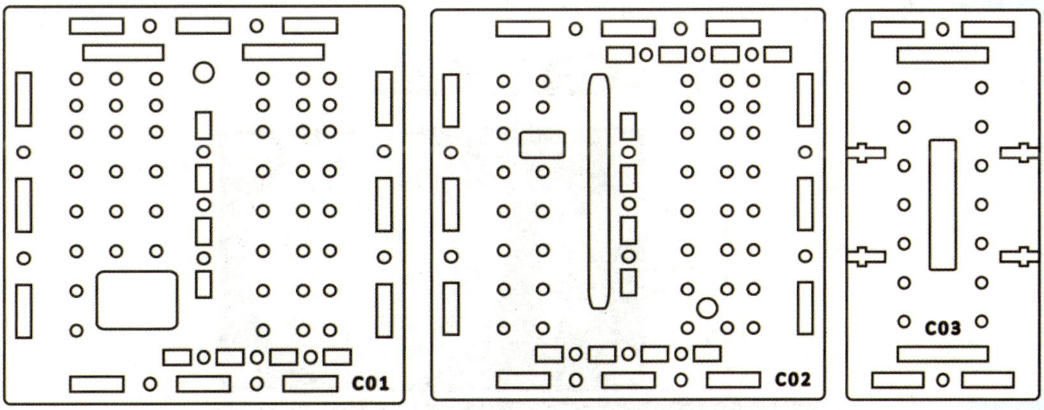

C01 × 1　　C02 × 1　　C03 × 1

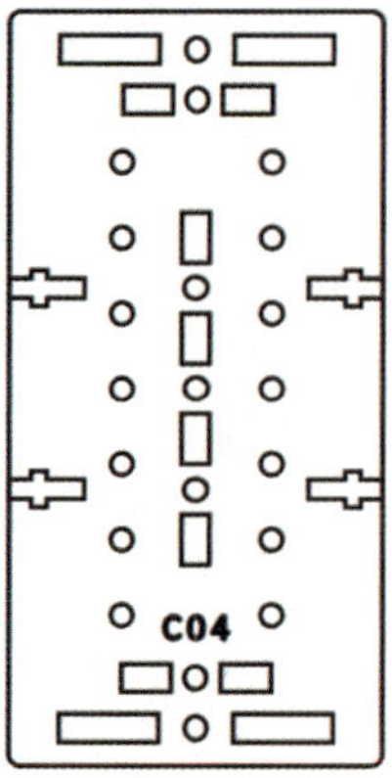

C04 × 1

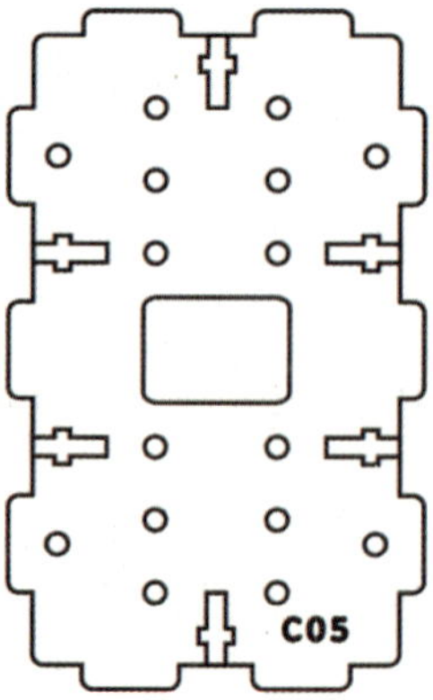

C05 × 1

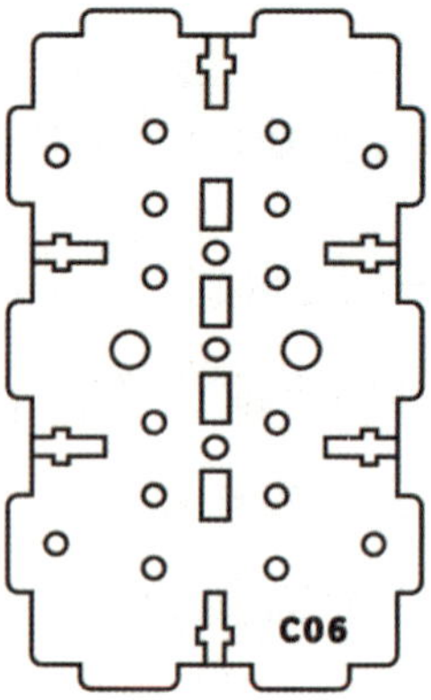

C06 × 1

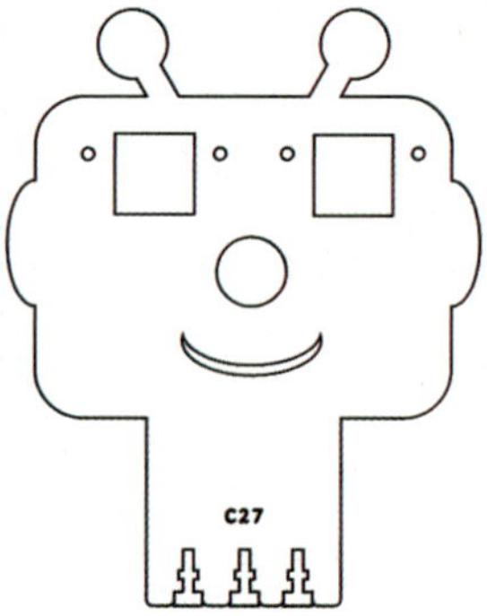

C27 × 1

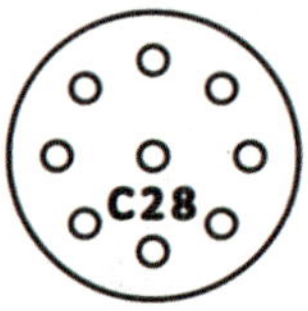

C28 × 4

（三）知识准备

1. 烟雾传感器。

烟雾传感器的作用是检测周围环境的烟雾浓度，它和主板的接线如图 7–5 所示。烟雾传感器的编程图标是 烟雾 模拟端口 端口▾ 。

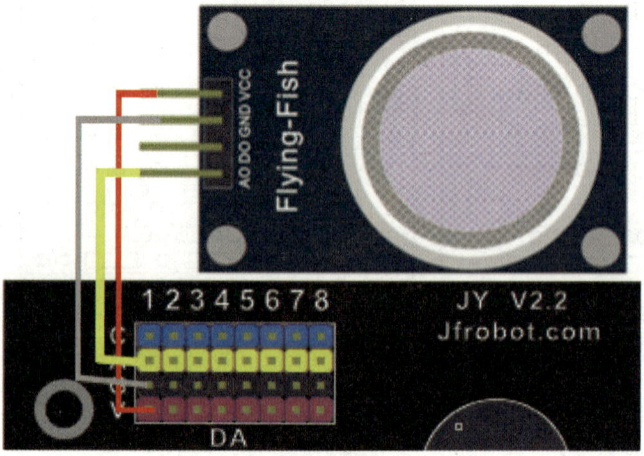

图 7–5 烟雾传感器与主板接线图

2. 蓝牙模块。

蓝牙模块具备接收信息和发送信息功能，它和主板的连线如图 7–6 所示。蓝牙模块发送功能的编程图标是，接收功能的编程图标是。

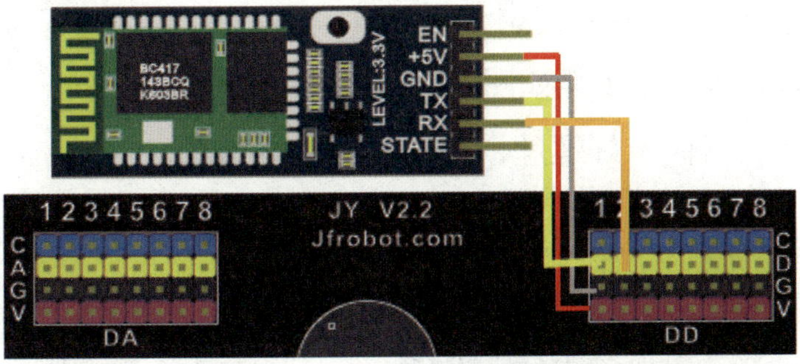

图 7–6　蓝牙模块和主板接线图

动手实践

（一）设计流程

根据任务分析，我们可以画出程序流程图，如图 7–7 所示。

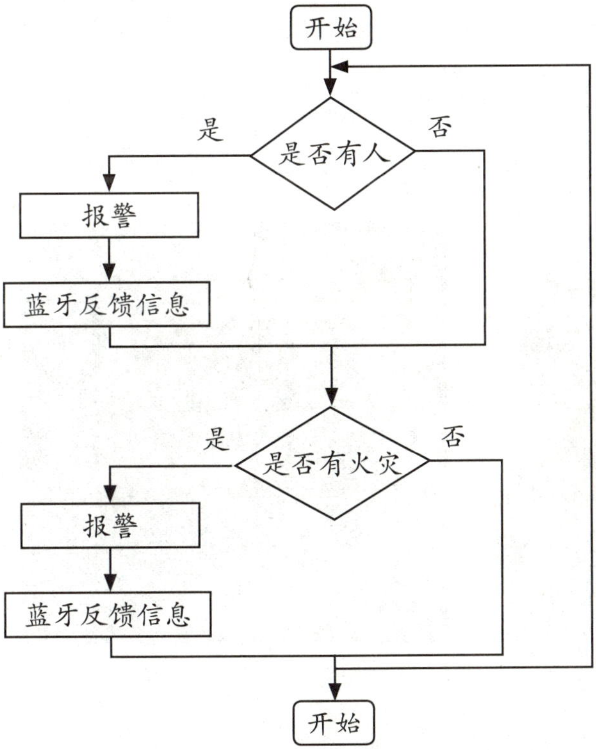

图 7–7　程序流程图

小提示：

（1）通过人体红外检测是否有人。

（2）通过烟雾传感器检测是否有火灾。

（二）制作实物

超市安保机器人的制作分为两部分，第一部分是主体的搭建和传感器的安装，第二部分是传感器和主板的接线，具体制作步骤如下。

1. 主体的搭建与传感器的安装。

主体的搭建需要的结构件编号是 C01、C02、C03、C04、C05、C06、C27 和 C28，主体的结构搭建步骤如图 7–8 到图 7–12 所示。

搭建 5 个面，并固定好螺丝，效果如图 7–8 所示。

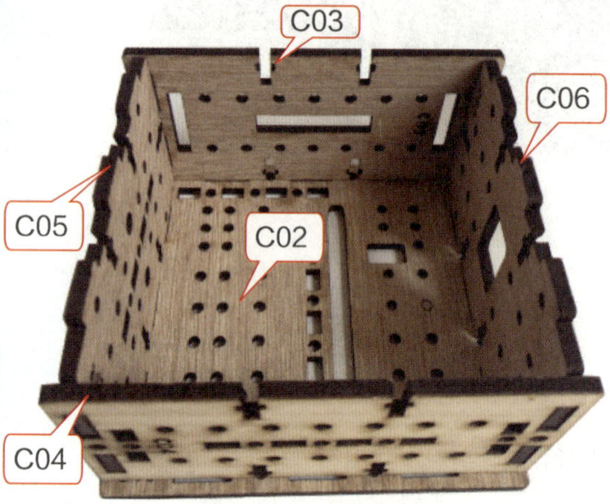

图 7–8　框架搭建

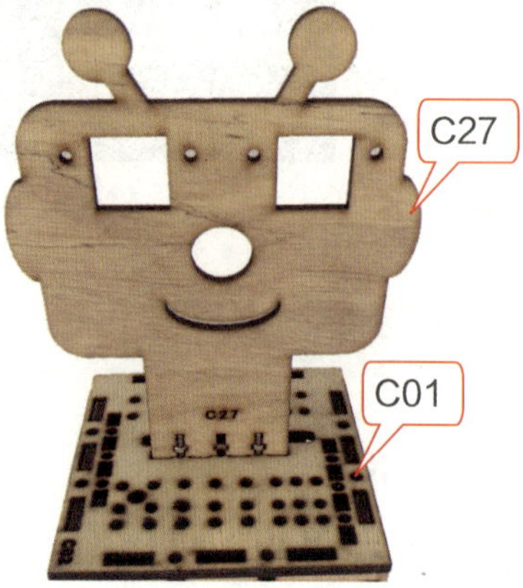

图 7–9　C27 结构面板安装

利用螺丝把 C27 结构件固定在 C01 结构件上，效果如图 7–9 所示。把螺丝安装在 C28 结构件上，如图 7–10 所示；主板安装在盒子里面，如图 7–11 所示。

图 7–10　轮子外观

图 7–11　主板安装

把安装好传感器和主板的结构与主体结构组合在一起，效果如图 7–12 所示。

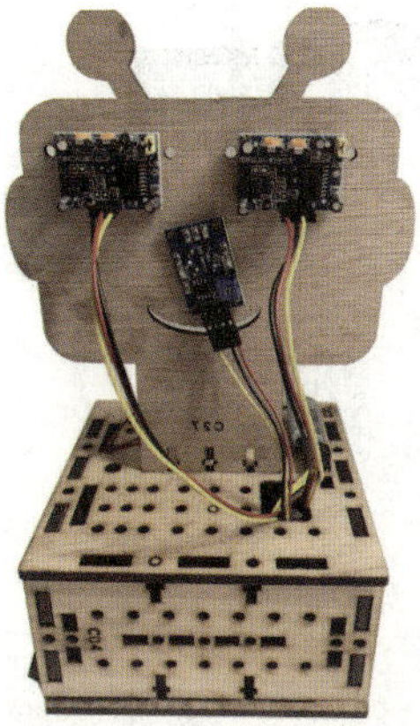

图 7–12　传感器、主板和主体结构组合成型

2. 传感器和主板的接线。

如图 7–13 所示，烟雾传感器接在模拟端口 1，人体红外传感器接在数字端口 7 和 8，蓝牙模块接在数字端口 1 和 2，蜂鸣器接在 DC 口（接线时注意红色线对准端口 V）。

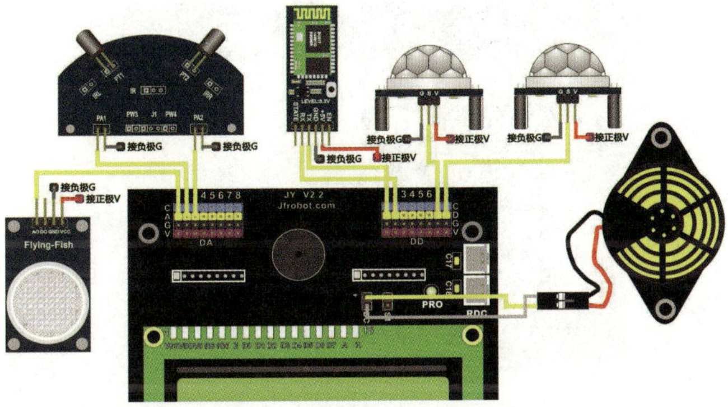

图 7–13　传感器和主板接线图

（三）编程调试

打开 Scratch 编程软件，按照以下步骤来进行编程调试并运行。

1. 测试人体、烟雾传感器的功能是否正常，程序如图 7–14 所示。

图 7–14　测试程序图

2. 有盗贼入侵时，进行报警，程序如图 7–15 所示。

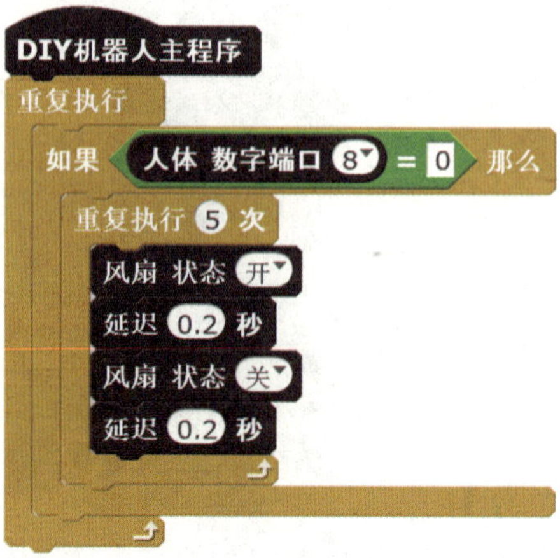

图 7–15　防盗功能程序运行图

3. 烟雾浓度过大时进行报警，程序如图 7–16 所示。

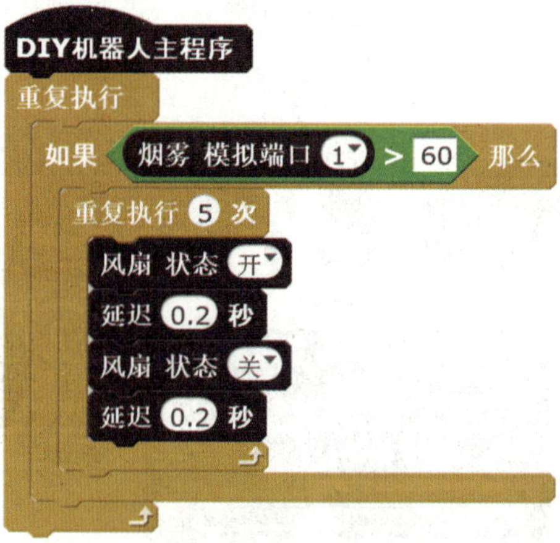

图 7–16　烟雾报警程序运行图

4. 蓝牙模块反馈信息，程序如图 7–17 所示。

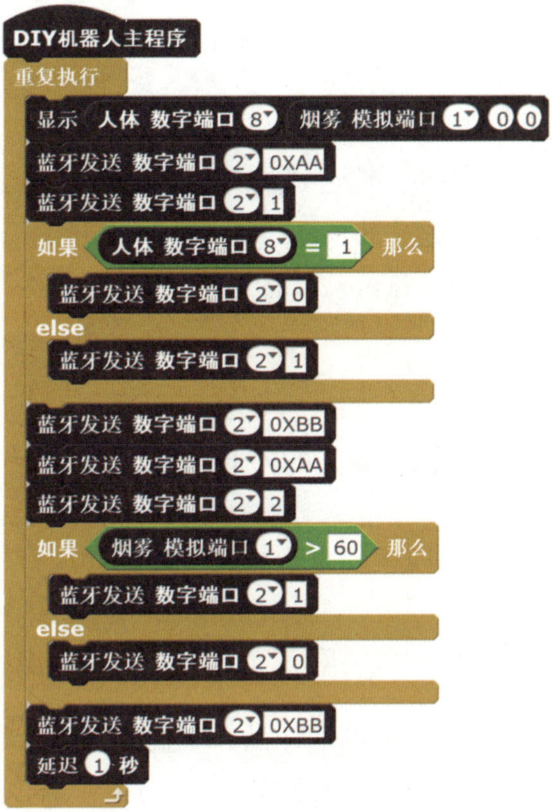

图 7–17　蓝牙模块程序图

图 7–17 的程序编写好后，下载到机器人主板里，再在手机端安装 APP，如图 7–18 所示。APP 安装好后，观察程序运行效果。

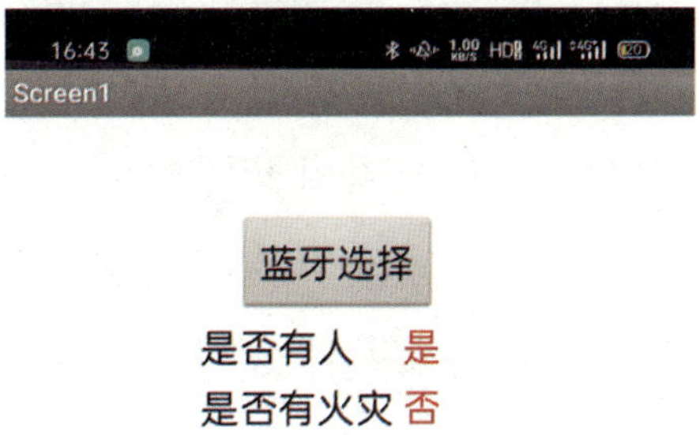

图 7–18　利用手机 APP 观察运行效果

请同学们在表 7-2 上填写调试记录。

表 7-2 调试记录表

序 号	内容和现象	修改的模块和参数
1	有人经过时，是否发出警报：________	
2	烟雾浓度过高时，是否发出报警：________	
3	蓝牙模块是否能向手机 APP 发送信息：________	

（四）修正完善

改造 1：可以对超市安保机器人的外形进行改造。

改造 2：可以针对超市安保机器人的安保功能进行升级或对程序进行完善。

思维发散

请同学们思考一下：对于上面的作品，我们还能做什么改进？我们可以利用这节课的传感器进行其他的设计与制作吗？

创意物化

同学们，在这里我们已经掌握了超市安保机器人的基本制作原理，学会了人体红外传感器、烟雾传感器和蓝牙模块的控制方式，这些设备除了可以用来制作超市安保机器人之外，还能用来做什么呢？

1. 头脑风暴，确定主题。

请大家根据本节课所掌握的知识，尝试制作以下作品：（1）汽车安全装置；（2）汽车防盗装置；（3）厨房着火报警器；（4）自己感兴趣项目，与同学们分享。表 7-3 是创意物化作品的功能说明，请同学们选择自己感兴趣的项目来完成。

表 7–3　作品功能说明

序　号	项　目	功　能
1	汽车安全装置	老人小孩单独留在熄火的车内报警
2	汽车防盗装置	是否有人强行打开车门进入汽车（增加气压传感器）
3	厨房着火报警器	厨房发生火灾报警，蓝牙反馈危险信息
4		

2. 小组分工，完成表 7–4。

表 7–4　小组人员分工表

项目名称：______________	组别：______________	
分工内容	姓　名	备　注
设计组		
编程组		
美工组		
操作组		
讲解组		

3. 完成作品设计图。

4. 制作过程记录。

交流评价

1. 向同学们展示自己的作品，同时收集同学们给你的意见，并把你的优化计划写在下面的框里。

2. 请同学们利用作品评价表 7–5 对同学或自己的作品进行评价。

表 7–5　作品评价表

评价与收获，请为小星星涂上颜色				
评价指标	创新创意	技术功能	外观设计	分享表达
自己评价	☆☆☆☆☆	☆☆☆☆☆	☆☆☆☆☆	☆☆☆☆☆
学生评价	☆☆☆☆☆	☆☆☆☆☆	☆☆☆☆☆	☆☆☆☆☆
老师评价	☆☆☆☆☆	☆☆☆☆☆	☆☆☆☆☆	☆☆☆☆☆
作品改进建议：				

阅读拓展

安防机器人

安防机器人又称安保机器人，是半自主、自主或者在人类完全控制下协助人类完成安全防护工作的机器人。安防机器人作为机器人行业的一个细分领域，立足于实际生产生活需要，用来协助解决安全隐患、巡逻监控及灾情预警等工作问题，从而减少安全事故的发生，减少生命财产损失。

图 7-20 安防机器人

按照服务场所划分，可分为：

1. 安保服务机器人。

指用于非工业生产，具备半自主或全自主工作模式，可在非结构化环境中为人类提供安全防护服务的设备。主要用于执行迎宾导购、产品宣传、自动打印等功能，夜间还可以执行自动巡逻、环境检测、异常报警等功能，实现 24 小时全天候全方位监控。被广泛应用于银行、商业中心、社区、政务中心等场所。

2. 安保巡逻机器人。

安保巡逻机器人携带红外热像仪和可见光摄像机等检测装置，可将画面和数据传输至远端监控系统。主要用于执行各种智能保安服务任务，包括自主巡逻、音视频监控、环境感知、监控报警等功能。

按照服务对象可分为：家用安保机器人、专业安保机器人、特种安保机器人。

传统的安防体系是依靠“人防 + 物防”来实现的。可随着人口老龄化加重、劳动力成本飙升、安保人员流失率高等问题出现，传统安防体系已经难以适应现代安防需求，安防机器人产业迎来新的发展契机。尤其这几年，在政府大力支持下，更是受到强烈关注。目前安防机器人还处于起步阶段，但在巨大的安防市场需求下，其发展潜力和未来前景广阔。

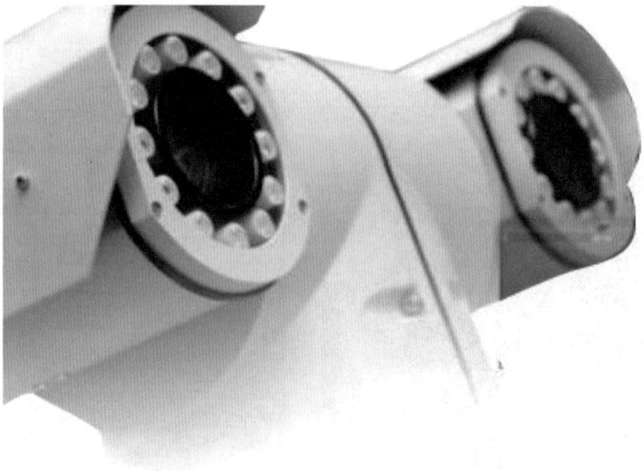

图 7-21　智能安防体系

第八章 物品分类机器人
——颜色传感器的应用

学习体验

观察与思考

科技发展越来越快，人们的生活也日新月异。那么，未来的超市在科技的影响下，会变成什么样子呢?

未来超市中对物品智能分类将是一项重要的工作，所谓物品智能分类就是通过科技手段对物品进行自动识别、分拣等操作。

图 8-1　快递分拣机器人

图 8-2　物流分拣机器人

图 8-3　彩球分拣球机器人

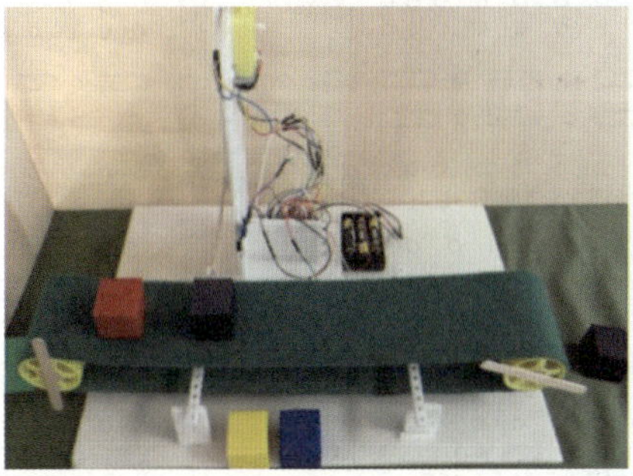

图 8-4　颜色块分拣机器人

任务

这节课我们设计一款物品分类机器人，它能通过颜色传感器感知物品的外观颜色，从而做出判断，对物品进行分门别类。

项目筹备

（一）组建团队

请组建你的小组，交流讨论并对组内人员进行分工。

（二）准备器材

本项目需要的传感器和其他器材如表 8-1 所示。

表 8-1　器材清单

序　号	名　称	数　量	备　注
1	颜色传感器	1 个	检测物品外观颜色
2	舵机	1 个	分拣物品
3	机器人 DIY 主板	1 块	主控器
4	结构件	1 套	搭建外观
5	螺丝、铜柱	若干	连接结构

结构件清单如下：

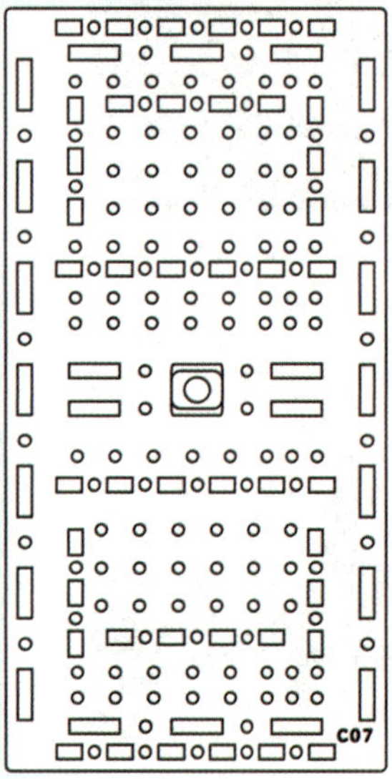

C07 × 1

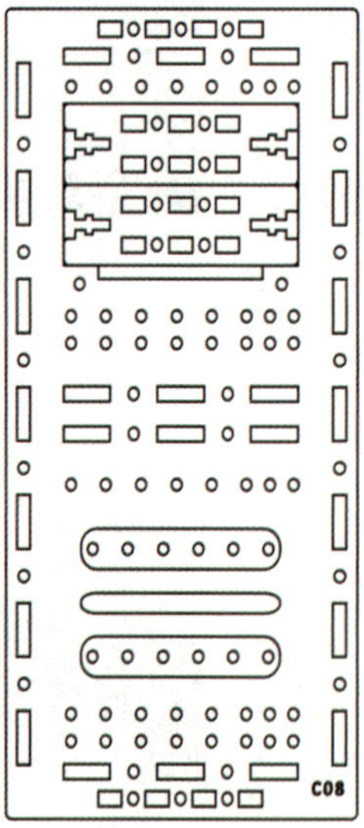

C08 × 1

C09 × 1

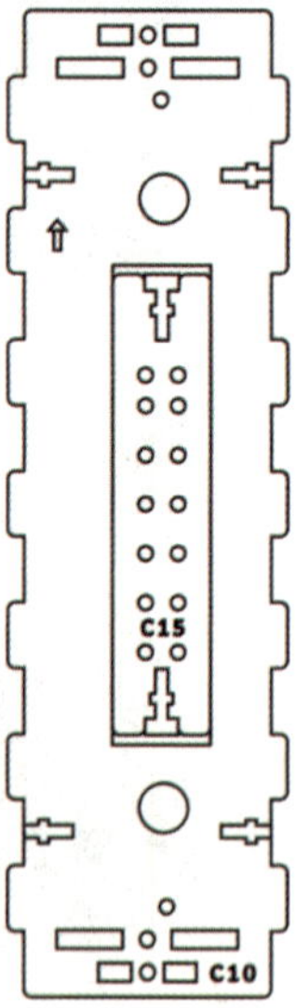

C10 × 1

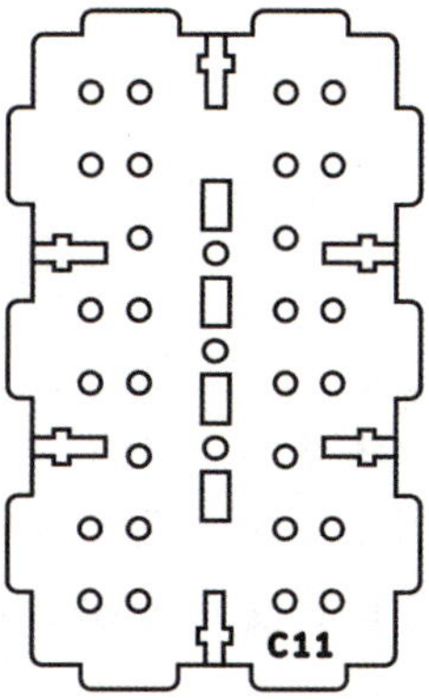

C11 × 1

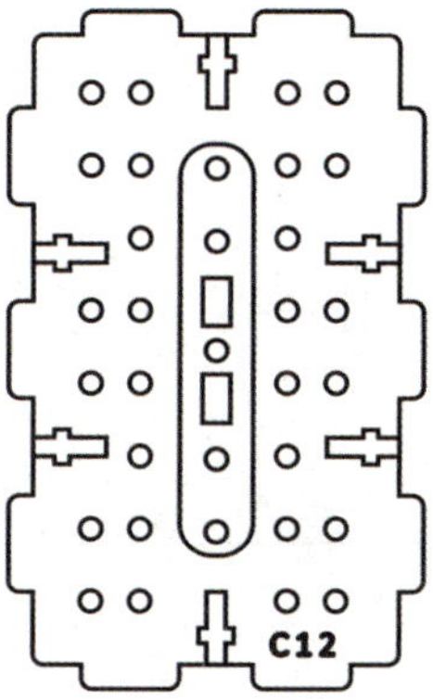

C12 × 1

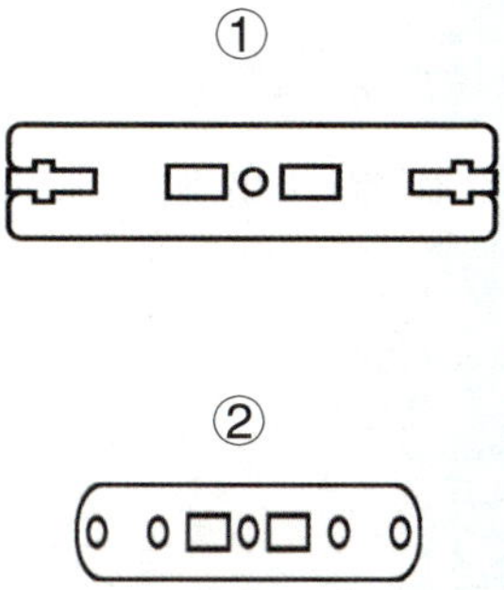

结构件

（三）知识准备

1. 舵机。

舵机是一种伺服马达，其转动的范围一般是 0—180 度。舵机的编程图标是 

。

2. 颜色传感器。

颜色传感器主要用来检测物体的颜色，它需要和接口卡一起使用，它和主板的接线如图 8–5 所示，颜色传感器的编程图标是 

和 

。

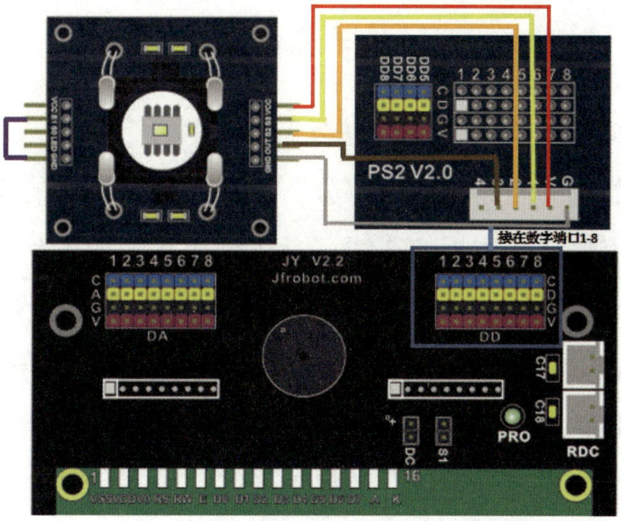

图 8–5　传感器与主板接线图

动手实践

（一）设计流程

根据任务分析，我们可以画出图 8–6 的程序流程图。

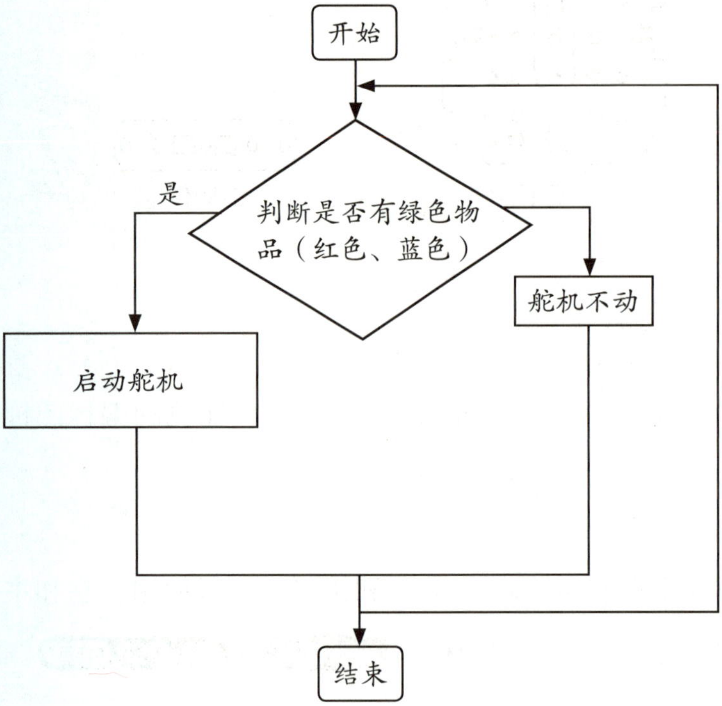

小提示：

颜色传感是通过 R G B 的数值大小判断物品颜色。

图 8–6　程序流程图

（二）制作实物

物品分类机器人的制作分为两部分，第一部分是主体的搭建和传感器的安装，第二部分是传感器和主板的连线，具体制作步骤如下。

1. 主体的搭建。

主体的搭建需要的结构件编号是 C07、C08、C09、C10、C12，主体的结构搭建步骤如图 8–7 到图 8–10 所示。

搭建 4 个面，并固定好螺丝，效果如图 8–7 所示。

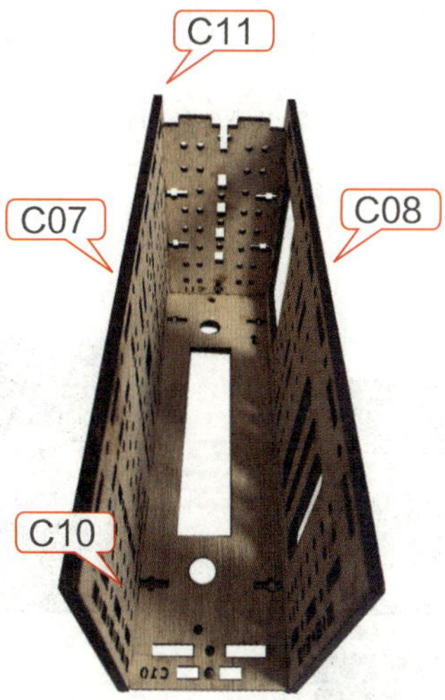

图 8-7　主体搭建

图 8-8　C12 与主体组合

把舵机卡在 C12 上，再把 C12 与图 8-7 的主体结构组合在一起，效果如图 8-8 所示。使用螺丝和铜柱把主板安装在 C08 板上，效果如图 8-9 所示。

图 8-9　主板安装

使用螺丝把 C09 和结构件安装好，固定好颜色传感器，效果如图 8-10 所示。组装好的物品分类机器人如图 8-11 所示。

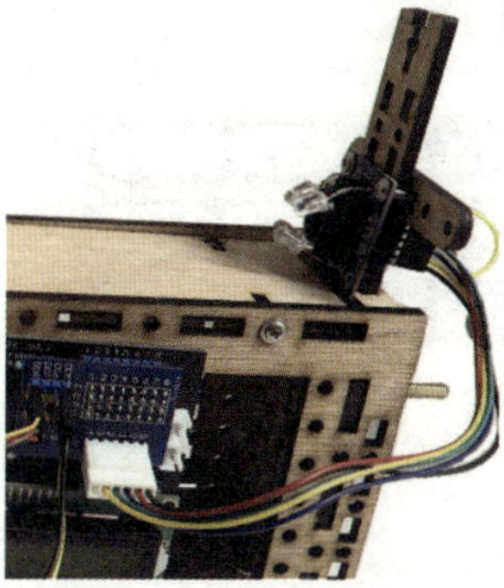

图 8-10　传感器安装

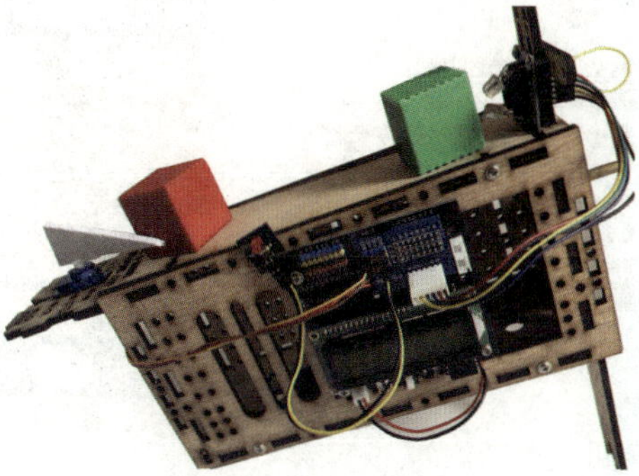

图 8-11　组装成型

2. 传感器和主板的接线，如图 8–12 所示，颜色传感器接在接口卡指定位置，LED 灯接在接口卡数字端口 5，舵机接在接口卡的数字端口 8，接线时注意红色线对准端口 V。

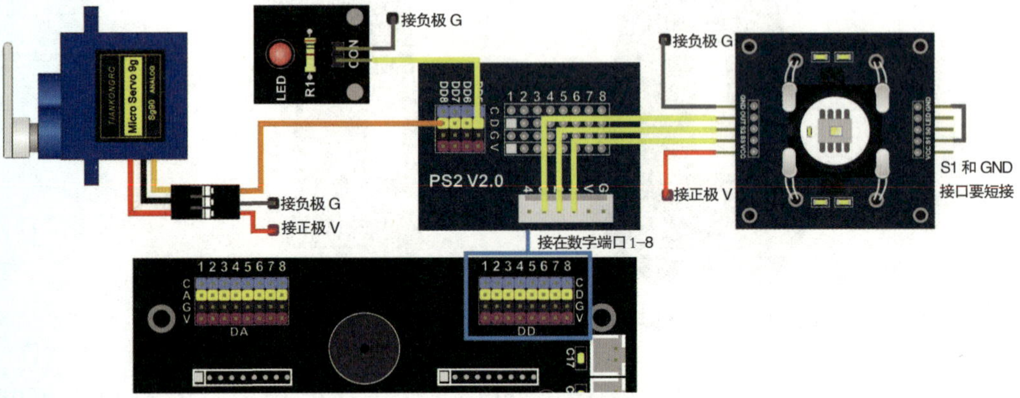

图 8–12　传感器和主板接线图

（三）编程调试

打开 Scratch 编程软件，按照以下步骤来编程调试并运行。

这里利用颜色传感器检测物品的颜色，当物品靠近时，颜色传感器返回物品的 RGB 三色数值，机器人根据颜色数值关系，判断是否启动舵机。

1. 新建变量 *r*、*g*、*b*，分别表示物品颜色的红、绿、蓝的值。编写程序先要进行颜色白平衡，通过编程显示 *r*、*g*、*b* 变量的值，程序如图 8–13 所示。（注：变量的名称不能以数字开头）

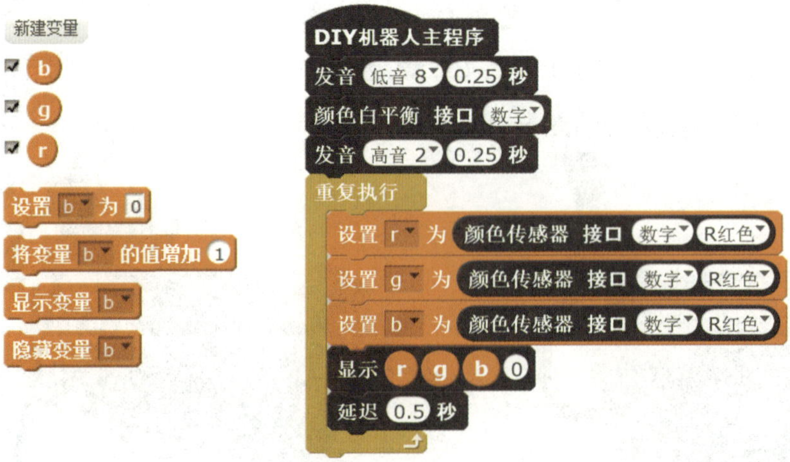

图 8–13　颜色白平衡，显示 RGB 程序

2.当物品外观是绿色，可以测得变量*r*、*g*、*b*的值，并且确定大小关系。（*r*的值大概是________，*g*的值大概是________，*b*的值大概是________），它们的大小关系是r________*g*，*r*________*b*（填“大于”或“小于”）。判断物品外观是绿色并且做出反应的程序如图8–14所示。

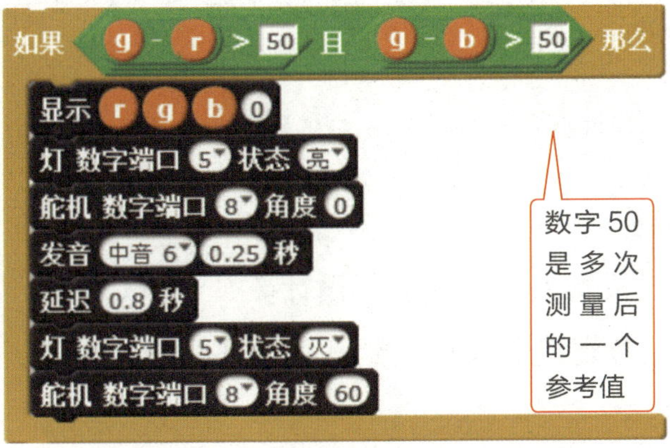

图 8–14　绿色外观时的程序图

3. 把 1 和 2 中的程序进行汇总。程序如图 8–15 所示。

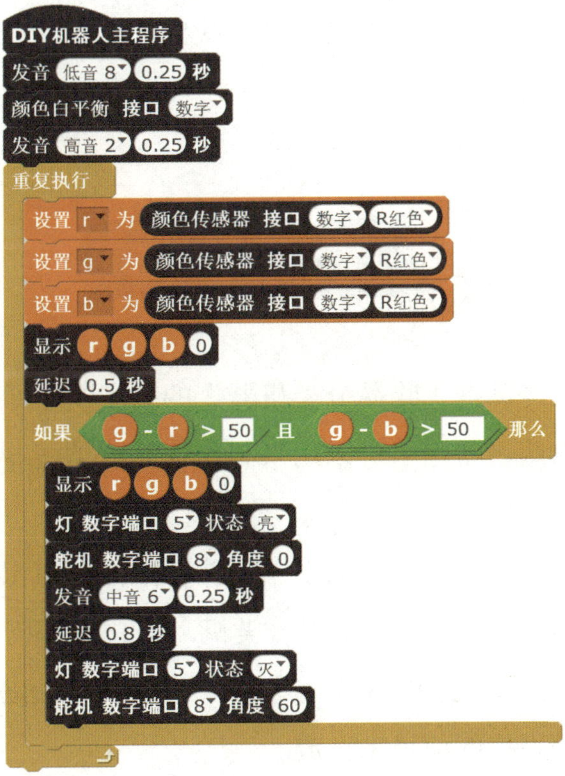

图 8–15　总程序图

请同学们在表 8–2 上填写调试记录。

表 8–2　调试记录表

序　号	内容和现象	修改的模块与参数
1	当不同颜色物品靠近时，显示的数值是否有变化	
2	当红色物体靠近颜色传感器时，舵机是否正确摆动	
3	当其他颜色靠近颜色传感器时，舵机的情况是否正确	

（四）修正完善

改造 1：可以对机器人的外观进行设计。

改造 2：对物品分类机器人功能做升级，可以拓展多种颜色同时进行区分，并对程序进行完善。

思维发散

请同学们思考一下：对于上面的作品，我们还能做什么改进？能用其他传感器来实现货物分类的功能吗？

创意物化

同学们，我们已经掌握了物品分类机器人的基本制作原理，学会了颜色传感器的控制方式，这些设备除了可以用来制作物品分类机器人以外，还能用来做什么呢？

1. 头脑风暴，确定主题。请大家根据本课所掌握的知识，尝试制作以下作品：（1）垃圾分类器；（2）有色水果分类机；（3）能识别红绿灯的智能车；（4）自己感兴趣的项目，与同学们分享。表 8–3 是创意物化作品的功能说明，请同学们选择自己感兴趣的项目来完成。

表 8-3　作品功能说明

序　号	项　目	功　能
1	垃圾分类器	对不同颜色的垃圾进行简单分类
2	有色水果分类机	对水果外观颜色进行识别
3	能识别红绿灯的智能车	能够对红、绿、黄灯进行识别
4		

2. 小组分工，完成表 8-4。

表 8-4　小组人员分工表

项目名称：______ 组别：______		
分工内容	姓　名	备　注
设计组		
编程组		
美工组		
操作组		
讲解组		

3. 完成作品设计图。

4. 制作过程记录。

交流评价

1. 向同学们展示自己的作品，同时收集同学们给你的意见，并把你的优化计划写在下面的框里。

2. 请同学们利用作品评价表 8–5 对同学或自己的作品进行评价。

表 8–5　作品评价表

评价与收获，请为小星星涂上颜色				
评价指标	创新创意	技术功能	外观设计	分享表达
自己评价	☆☆☆☆☆	☆☆☆☆☆	☆☆☆☆☆	☆☆☆☆☆
学生评价	☆☆☆☆☆	☆☆☆☆☆	☆☆☆☆☆	☆☆☆☆☆
老师评价	☆☆☆☆☆	☆☆☆☆☆	☆☆☆☆☆	☆☆☆☆☆
作品改进建议：				

阅读拓展

分拣机器人

在电子商务高速发展的今天，目前国内每天有 1 亿个包裹，未来 10 年每天包裹量或将达 10 亿件。对于物流业这种对人力成本敏感的产业来说，机器视觉具有高度自动化、高效率、高精度和环境适应强等优点，为高速发展的物流分拣系统打开“新视界”。物流行业正从人工分拣向智能化、自动化方向快速演进。

图 8-16　物流自动化系统

物流自动化机器人完成的每一道程序，都带来人力成本的下降和工作效率的提高。目前在仓库中，机器人主要可以在分拣、搬运、堆垛等方面代替人工。不同类型的分拣机器人无论外形如何，都带有图像识别系统，通过磁条引导、激光引导、超高频RFID引导以及机器视觉识别技术，分拣机器人可以自动行驶，“看到”不同的物品形状之后，机器人可以将托盘上的物品自动运送到指定的位置。

自动分拣机器在接受运送指令后，通过视觉扫描技术，按照商品的品种、材质、重量以及发往的地点进行快速的分类，然后将货物送到指定的货架上或出货站台处。与此同时，机器人也可以在最短时间内将货架上的商品配送到不同的站台向外运输。这样便可以极大缩短快递发货周期，提高服务水平。

图 8-17　自动分拣机

拥有自动高效等优势的智能技术正成为快递企业关注的热点，而有一项技术使得机器人在快递界能够大展拳脚，这就是“视觉识别”。

第九章 迎宾机器人

——LED 点阵模块的应用

学习体验

观察与思考

同学们对机器人的了解，很多都是来自于影视作品，例如《终结者》《机器人大战》，里面的机器人都是面无表情，相当的酷，但是，它们都缺乏表情，难以表达喜怒哀乐。请同学们观察下面的机器人图片，组建团队完成任务。

图 9-1　面无表情的拉小提琴机器人

图 9-2　瓦力也无法表达喜怒哀乐

图 9-3　爱因斯坦面部表情机器人

图 9-4　会眨眼的机器人

任务

今天，我们来制作一个可以微笑的机器人，把它放在超市门口，欢迎客人的光临。

项目筹备

（一）组建团队

请组建你的小组，交流讨论并对组内人员进行分工。

（二）准备器材

本项目需要的传感器和其他器材如表 9-1 所示。

表 9-1　器材清单

序　号	名　称	数　量	备　注
1	舵机	2 个	模拟机器人的眉毛
2	超声波传感器	1 个	检测人体和机器人之间的距离
3	LED 点阵模块	1 个	显示机器人的嘴巴表情
4	机器人 DIY 主板	1 块	主控器
5	结构件	1 套	搭建外观
6	螺丝	若干	连接结构

结构件清单如下：

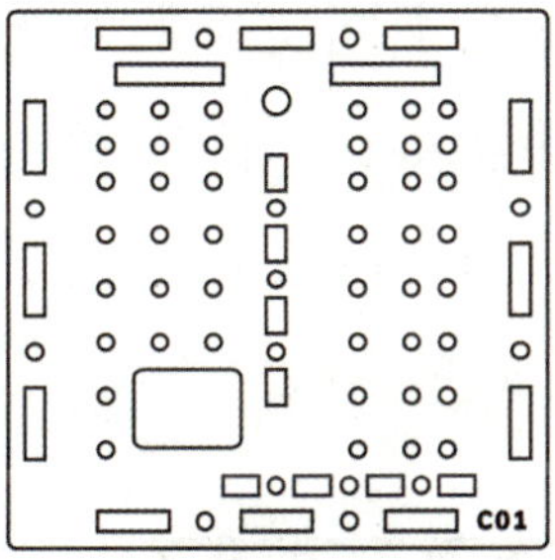

C01 × 1

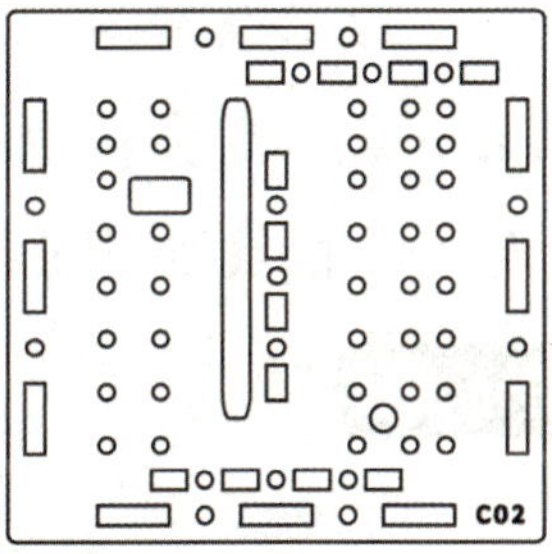

C02 × 1

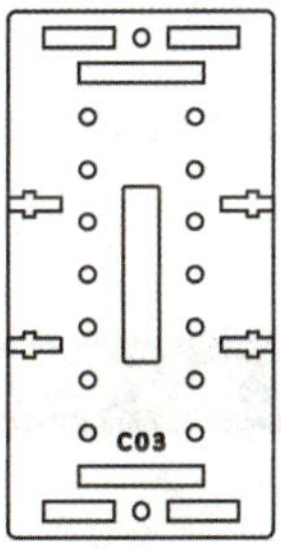

C03 × 1

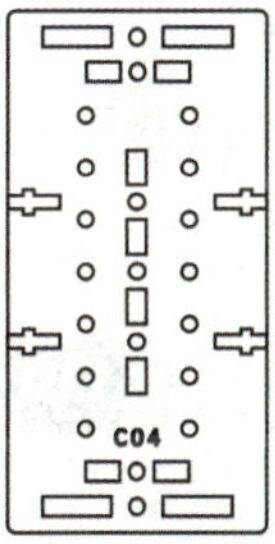

C04 × 1

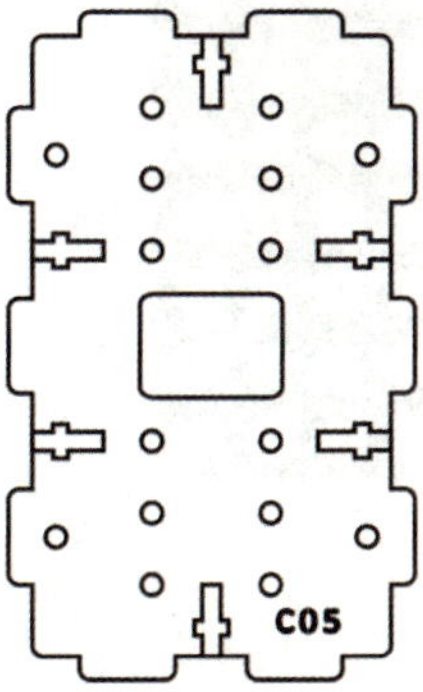

C05 × 1

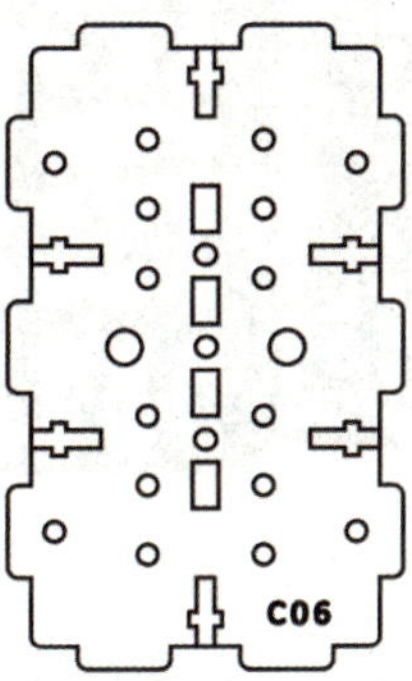

C06 × 1

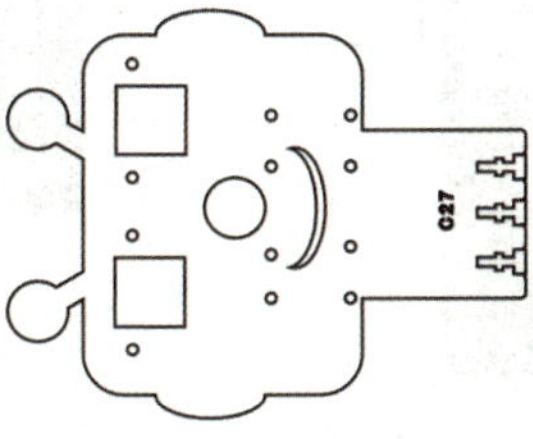

C27 × 1

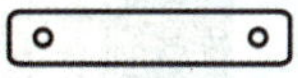

指示针 × 2

固定舵机结构件 × 2

（三）知识准备

1. 录音模块。

录音模块可以录制 10 秒钟的声音。我们可以通过机器人控制录音模块，把录制好的声音播放出来，它和主板的接线如图 9-5 所示，录音模块的编程图标是 录音模块 数字端口 端口▾ 状态 开▾ 。按住录音模块的红色按钮，对着麦克风说话，就可以把人说话的声音保存到模块芯片里面，再用 灯 数字端口 端口▾ 状态 亮▾ 图标控制语音的播放和关闭。

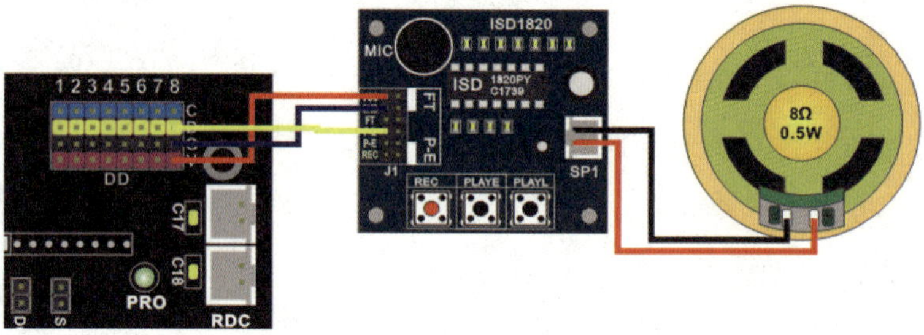

图 9-5　录音模块与主板接线图

2.LED 点阵模块。

LED 点阵模块由 64（8×8）个发光二极管组成，点亮不同位置的发光二极管，可以组合成不同的图案。LED 点阵模块和主板的连接，中间需要一个 PS2 扩展卡，扩展卡和 LED 点阵模块的接线如图 9-6 所示，LED 点阵模块的编程图标是 LED面板 接口 端口▾ 显示 0▾ 。

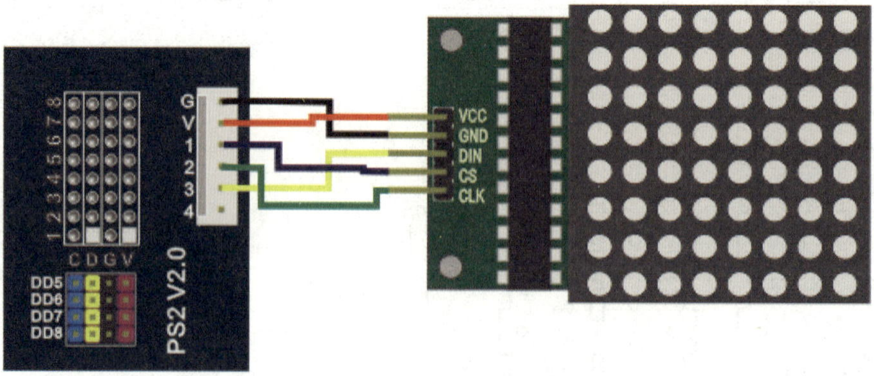

图 9-6　LED 点阵模块和扩张卡接线图

动手实践

（一）设计流程

根据任务分析，我们可以画出图 9–7 的程序流程图。当超声波传感器检测到人离机器人的距离少于 30 cm 的时候，就开始露出开心的表情，并播放“欢迎光临”的语音，当检测到人离开后，恢复正常。

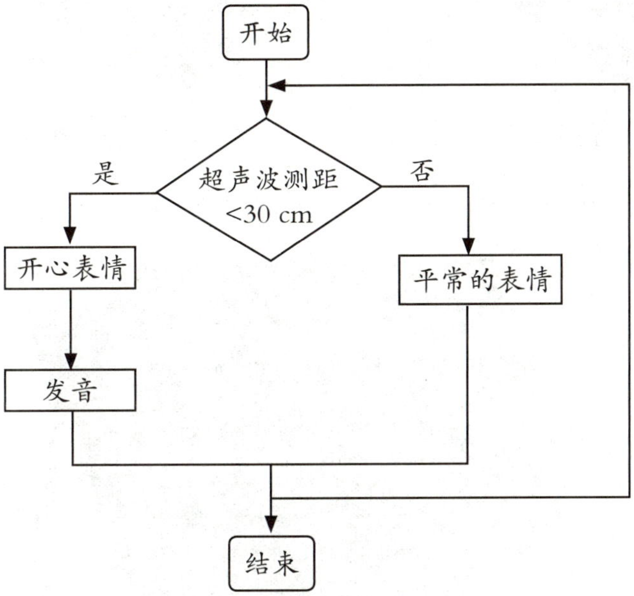

图 9–7　程序流程图

（二）制作实物

迎宾机器人的制作分两部分进行，第一部分是主体的搭建与传感器的安装，第二部分是传感器和主板的连接，具体制作步骤如下。

1. 主体的搭建与传感器的安装。

主体的搭建需要的结构件编号是 C01、C02、C03、C04、C05、C06、C27，主体搭建的过程如图 9–8 到图 9–13 所示。

利用 C02、C03、C04、C05、C06 安装小盒子框架，并在 C05 面板上安装超声波传感器，位置如图 9–8 所示。在 C06 面板上安装录音模块，效果如图 9–9 所示。

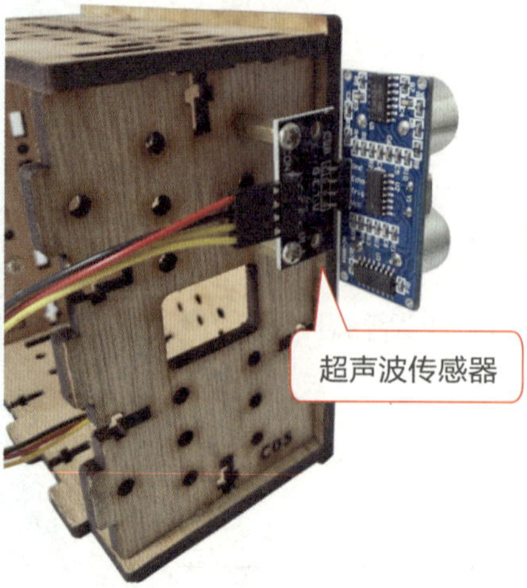

图 9-8　超声波传感器安装

图 9-9　录音模块安装

在 C01 面板上安装主板，整个小盒子效果如图 9-10 所示。

图 9-10　主板安装，组装成型

在 C27 面板上安装舵机和 LED 点阵模块，正面效果如图 9-11 所示，反面效果如图 9-12 所示。

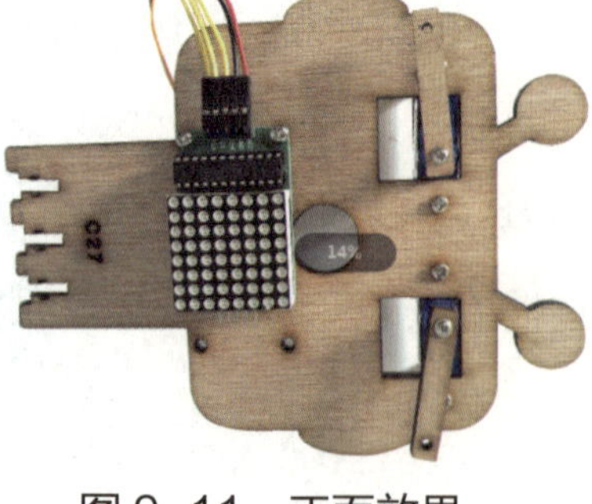
图 9-11　正面效果

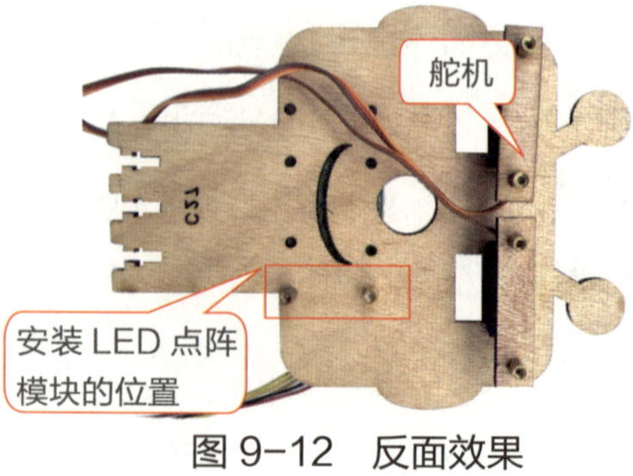

图 9-12　反面效果

把脸部面板安装在 C04 面板上，整体效果如图 9-13 所示。

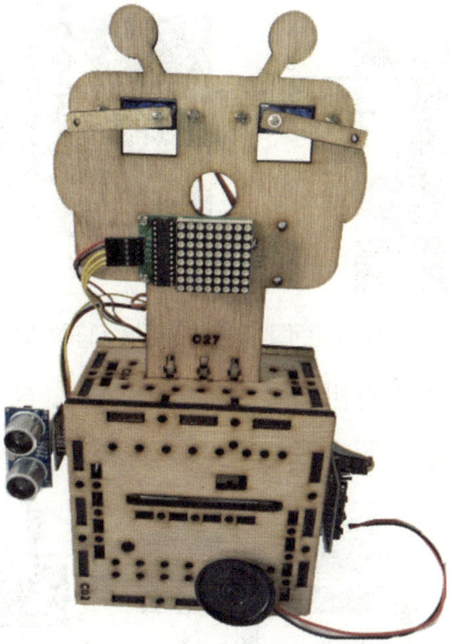

图 9-13　模型整体效果图

2. 传感器和主板的连接。

本节课的制作过程需要用到 PS2 接口卡。PS2 接口卡和主板的连接如图 9-14 至图 9-16 所示。

图 9-14　PS2 接口卡插在主板效果图

图 9-15 是接口卡和 LED 点阵面板的连线图。

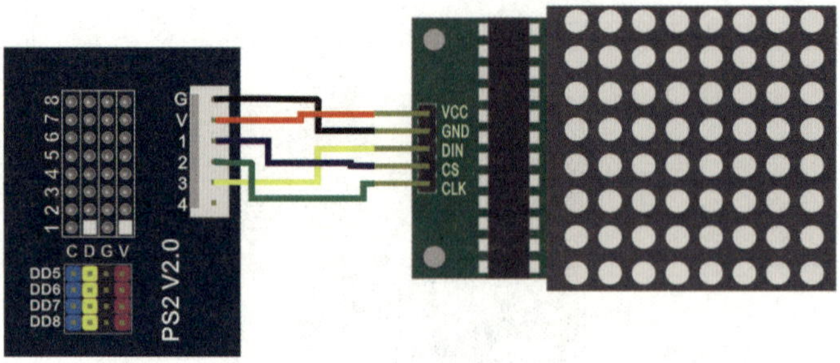

图 9-15　接口卡和 LED 点阵面接线图

如图 9-16 所示，两个舵机分别接在数字端口 7 和 8，超声波传感器接在数字端口 6，录音模块接在数字端口 5（接线时注意红色线对准端口 V）。

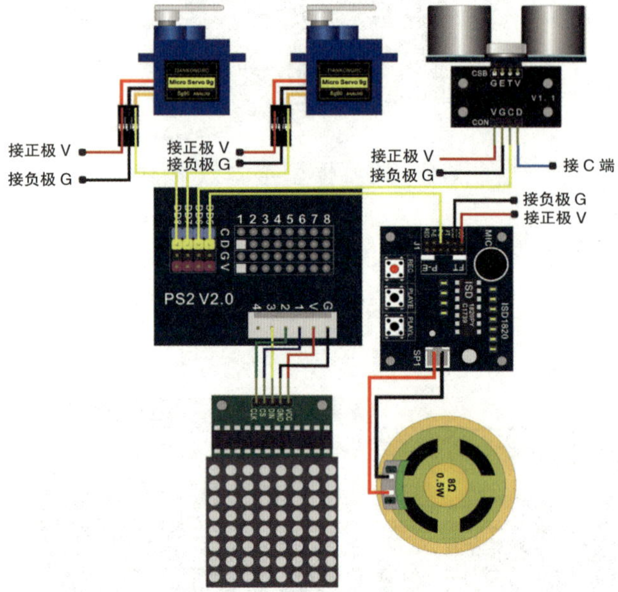

图 9-16　接口卡和舵机、超声波传感器、录音模块接线图

（三）编程调试

打开 Scratch 编程软件，按照以下步骤来进行编程调试并运行。

1. 先对眉毛（舵机）进行复位，如图 9-17 所示。

图 9-17　复位程序图

2. 编写人靠近时，表情变化的程序，如图 9–18 所示。

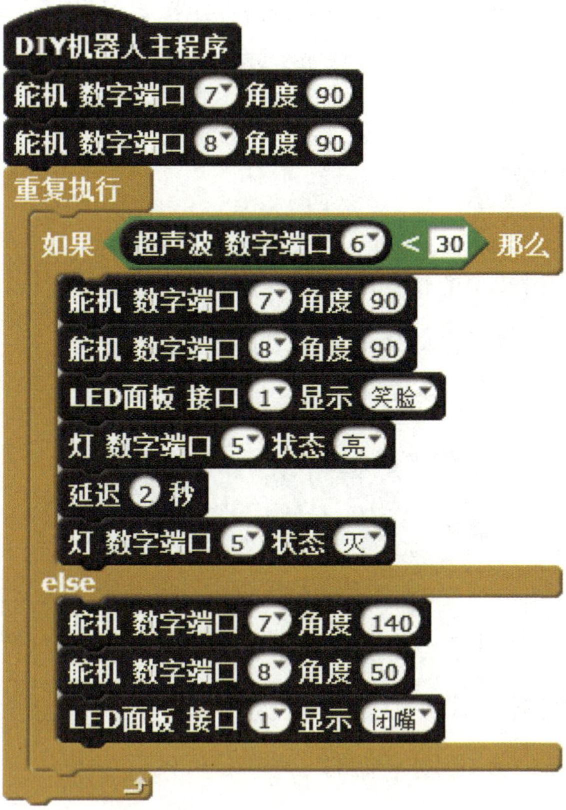

图 9–18　表情变化程序图

请同学们在表 9–2 上填写调试记录。

表 9–2　调试记录表

序　号	内容和现象	修改的模块和参数
1	按下电源开关，当人靠近超声波传感器，观察机器人眉毛有没有杨起来：______	
2	按下电源开关，当人远离超声波传感器，观察机器人眉毛有没有正常放下来：______	
3		

（四）修正完善

请同学们开动小脑筋，激发奇思妙想，制造具有特色的迎宾机器人，并向同学们展示自己的作品。

改造 1：请对眉毛进行修改，让眉毛看起来更自然些。

改造 2：尝试优化程序，让作品变得更生动。

思维发散

请同学们思考一下，对于上面的作品，我们还能做什么改进，面部表情的制作还有怎样的结构。欢迎大家把自己的想法说出来。

创意物化

同学们，这节课我们已经掌握了迎宾机器人的基本制作原理，学会了舵机和超声波传感器的控制方式。但是，舵机和超声波传感器除了可以用来制作机器人的脸部表情之外，还能用来做什么呢？

1.头脑风暴，确定主题。

请大家根据本节课所掌握的知识，尝试制作以下作品：（1）关节机器人；（2）机械臂；（3）敲鼓机器人；（4）自己感兴趣的项目，与同学们分享。表9–3是创意物化作品的功能说明，请同学们选择自己感兴趣的项目来完成。

表 9–3　作品功能说明

序　号	项　目	功　能
1	关节机器人	利用舵机和结构件组合成一个人体关节
2	机械臂	利用舵机和结构件组合成一个机械臂，并控制它的转动
3	敲鼓机器人	利用舵机制作出有节奏敲鼓机器人
4		

2. 小组分工，完成表 9-4。

表 9-4　小组人员分工表

项目名称：____________	组别：____________	
分工内容	姓　名	备　注
设计组		
编程组		
美工组		
操作组		
讲解组		

3. 完成作品设计图。

4. 制作过程记录。

交流评价

1. 向同学们展示自己的作品，同时收集同学们给你的意见，并把你的优化计划写在下面的框里。

2. 请同学们利用作品评价表 9–5 对同学或自己的作品进行评价。

表 9–5 作品评价表

评价与收获，请为小星星涂上颜色				
评价指标	创新创意	技术功能	外观设计	分享表达
自己评价	☆☆☆☆☆	☆☆☆☆☆	☆☆☆☆☆	☆☆☆☆☆
学生评价	☆☆☆☆☆	☆☆☆☆☆	☆☆☆☆☆	☆☆☆☆☆
老师评价	☆☆☆☆☆	☆☆☆☆☆	☆☆☆☆☆	☆☆☆☆☆
作品改进建议：				

阅读拓展

人机交互技术的发展

人机交互技术（Human-Computer Interaction Techniques）是指通过计算机输入、输出设备，以有效的方式实现人与计算机对话的技术。人机交互技术包括机器通过输出或显示设备给人提供大量有关信息及提示请示等，人通过输入设备给机器输入有关信息，回答问题及提示请示等。人机交互技术是计算机用户界面设计中的重要内容之一。

人机交互技术已经取得不少研究成果，不少产品已经问世。侧重多媒体技术的有：触摸式显示屏实现的“桌面”计算机，能够随意折叠的柔性显示屏制造的电子书，从电影院搬进客厅指日可待的3D显示器，使用红绿蓝光激光二极管的视网膜成像显示器；侧重多通道技术的有：“汉王笔”手写汉字识别系统，结合在微软的Tablet PC 操作系统中数字墨水技术，广泛应用于Office/XP的中文版等办公、应用软件中的IBM/Via Voice连续中文语音识别系统，输入设备为摄像机、图像采集卡的手势识别技术，以iPhone手机为代表的可支持更复杂的姿势识别的多触点式触摸屏技术，以及iPhone中基于传感器的捕捉用户意图的隐式输入技术。

图 9-19 智能机器人

第十章 简易清洁机器人
——电磁继电器的应用

学习体验

观察与思考

清洁机器人作为一种新兴的智能家电产品，逐渐进入人们的视野。清洁机器人的出现给很多家庭带来了福音，它能帮助我们解决地面清洁问题，节省时间，让我们可以去做自己喜欢的事，那么，它是如何进行清洁工作的呢？

图 10-1　家庭扫地机器人

图 10-2　高空清洁机器人

图 10-3　路面清洁机器人

图 10-4　商场清洁机器人

任务

今天，我们就使用电磁继电器来制作一个能吸尘与拖地的简易清洁机器人。

项目筹备

（一）组建团队

请组建你的团队，并自行对组内人员进行分工。

（二）准备器材

本项目需要的传感器和其他器材如表 10–1 所示。

表 10–1　器材清单

序　号	名　称	数　量	备　注
1	超声波传感器	2 个	检测障碍物
2	电磁继电器	1 个	控制风扇运转
3	机器人 DIY 主板	1 块	主控器
4	马达、车轮	2 个	机器运动装置
5	万向轮	1 个	
6	9 V、12 V 电池及电池盒	各 1 组	电源装置
7	12 V 的风扇	1 块	吸尘
8	已打孔的光盘盒桶	1 个	集尘
9	结构件	1 套	
10	杜邦线、铜柱、螺丝	若干	

搭建板结构清单如下：

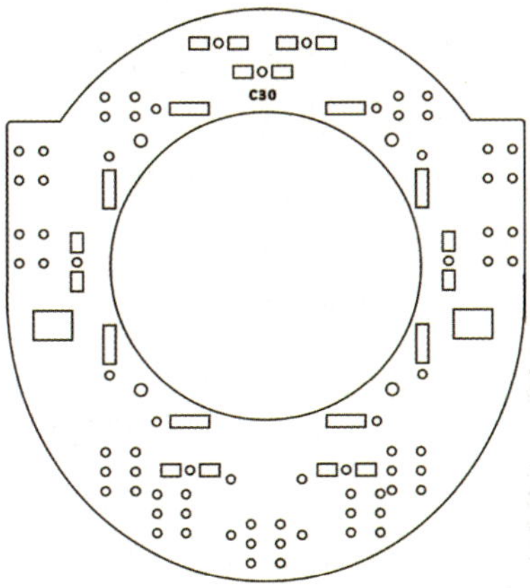

C30 × 1

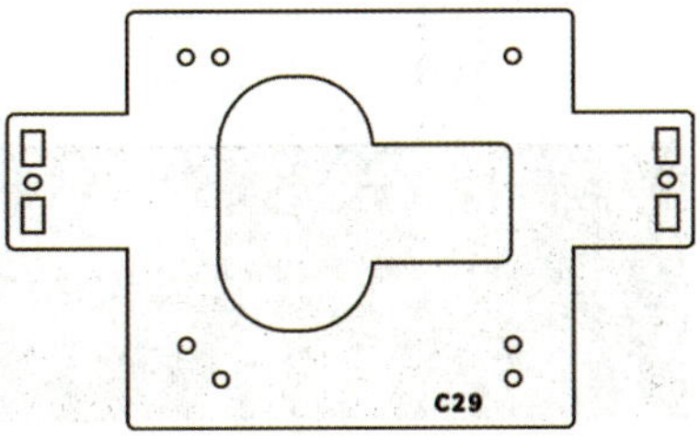

C29 × 1

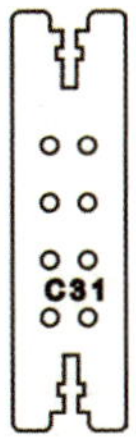

C31 × 1

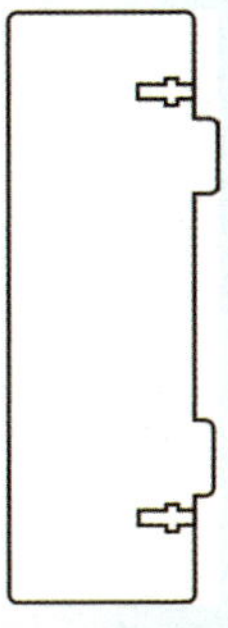
辅助结构件
15 × 4

（三）知识储备

1．电磁继电器。

通过主板的程序输出低压电源信号，使得电磁铁吸引衔铁闭合另一个高压电路。电磁继电器编程图标为 [灯 数字端口 端口 状态 亮]，图标状态为亮时触发电磁继电器工作。图 10–5 为电磁继电器与外电路、主板的接线图。

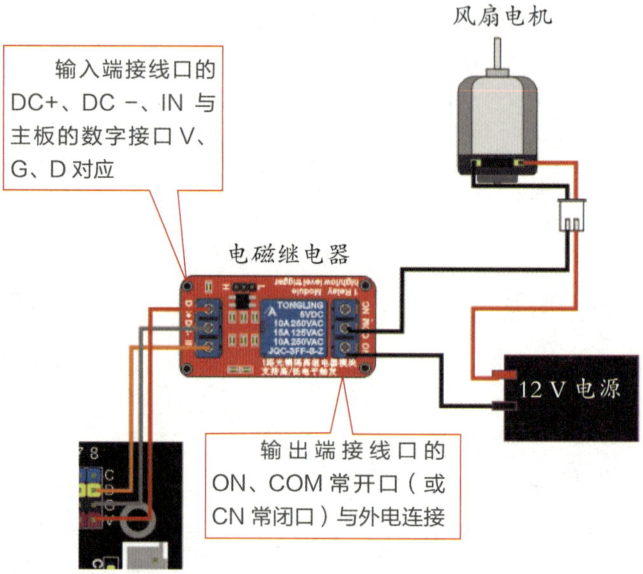

图 10–5　电磁继电器接线图

2. 超声波传感器。

通过发射与接收超声波，来检测传感器与物体的距离。超声波的编程图标为 [超声波 数字端口 端口]，图 10–6 为超声波传感器与机器人主板的接线图。

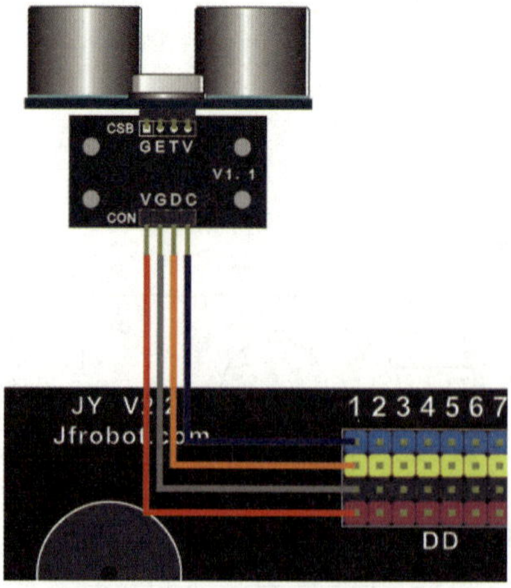

图 10–6　超声波传感器接线图

动手实践

（一）设计流程

根据任务分析，我们可以画出如图 10-7 所示的程序流程图。机器人前方安装超声波传感器实现避障，而电磁继电器控制风扇吸尘；机器人底部用魔术贴、吸水棉实现拖地效果。

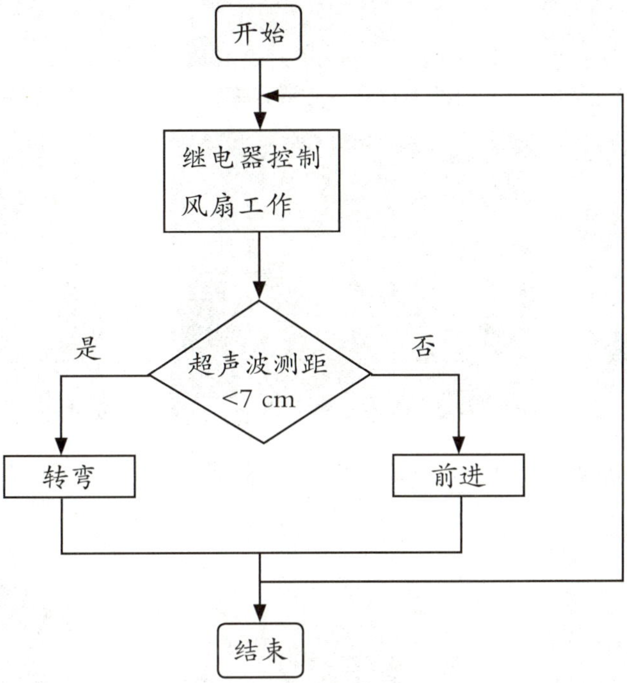

图 10-7　程序流程图

（二）制作实物

清洁机器人的制作主要分为两部分，第一部分是主体的搭建和传感器的安装，第二部分是传感器和主板的连线，具体制作步骤如下。

1. 主体的搭建与传感器的安装。

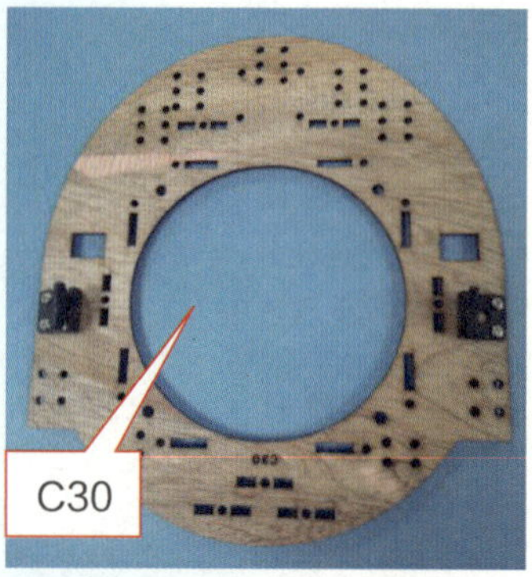

图 10-8　安装电机固定片

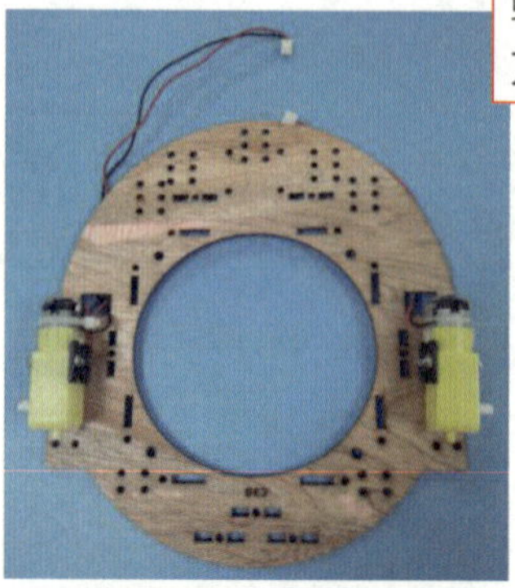

图 10-9　安装电机

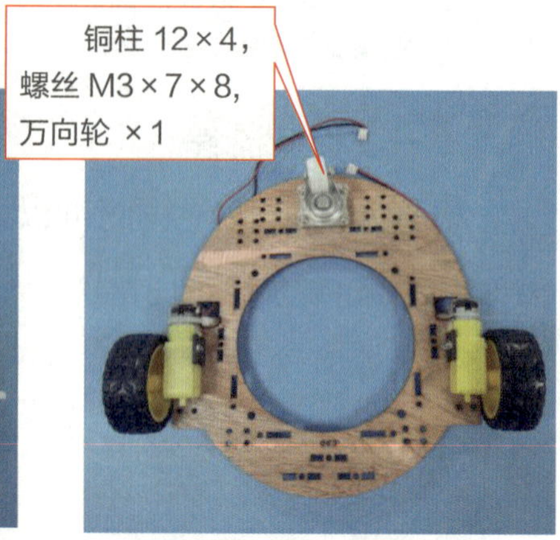

图 10-10　安装车轮

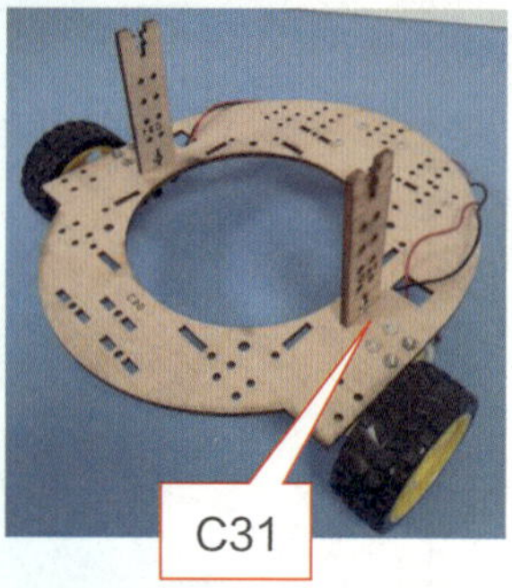

图 10-11　安装支撑架

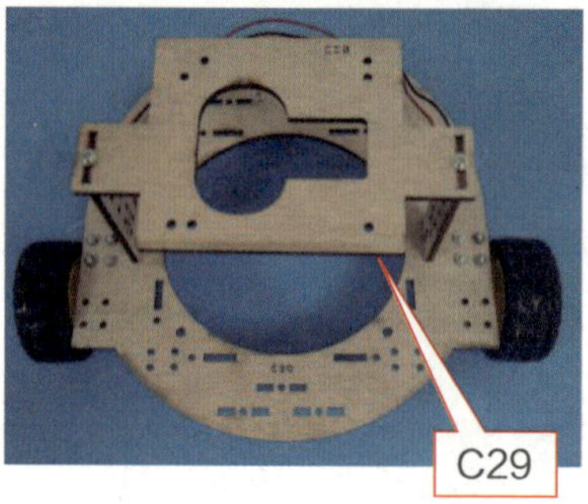

图 10-12　安装支撑板

图 10-13　安装主板

图 10-14　套上集尘桶

图 10-15　固定风扇

图 10-16　安装集尘档板

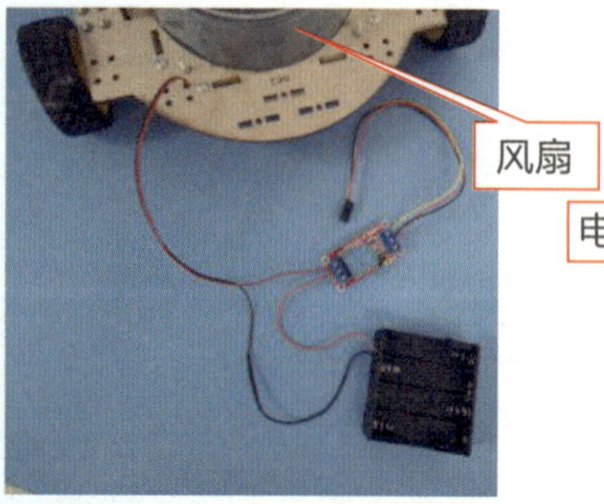

图 10-17　风扇电路接线图

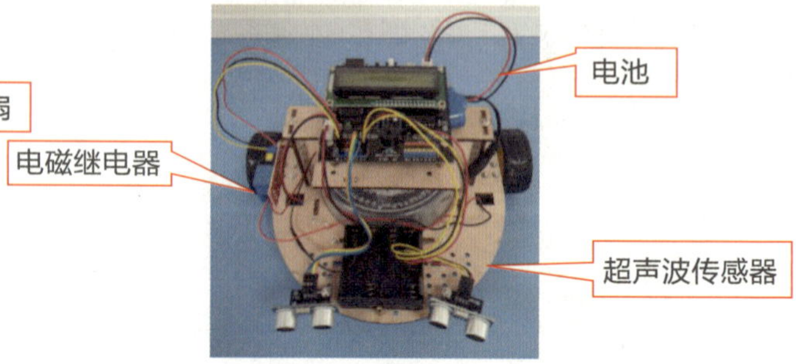

图 10-18　安装超声波传感器、电磁继电器、电池

2. 传感器和主板的连接。

接线如图 10–19 所示。超声波传感器接在主板数字端口 1 和 3。电磁继电器接在主板数字端口 8，电磁继电器输入接线口 +、–、s 与主板的 V、G、D 一一对应。继电器输出接线口的 COM 常开口和 ON 接口与风扇和风扇供电电池组串联接线。

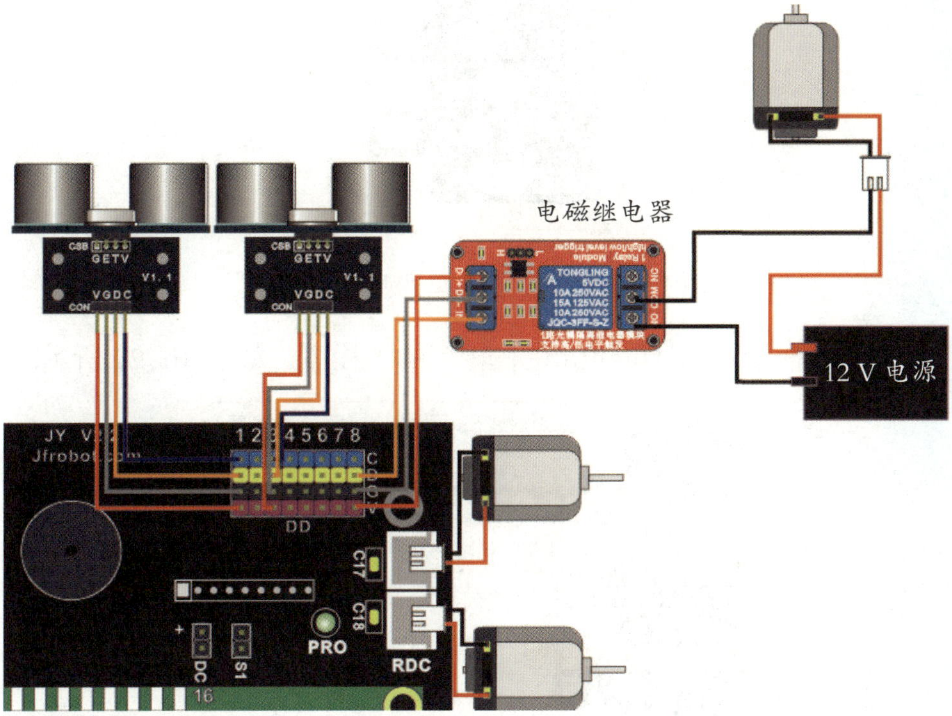

图 10–19　接线电路图

（三）编写程序

打开 Scratch 编程软件，按照以下步骤来编程调试并运行。

1. 检测超声波传感器是否正常工作，并确定避障所需设定的距离，并检测左右马达运转情况，如图 10–20、图 10–21 所示。

图 10–20　超声波传感器调试

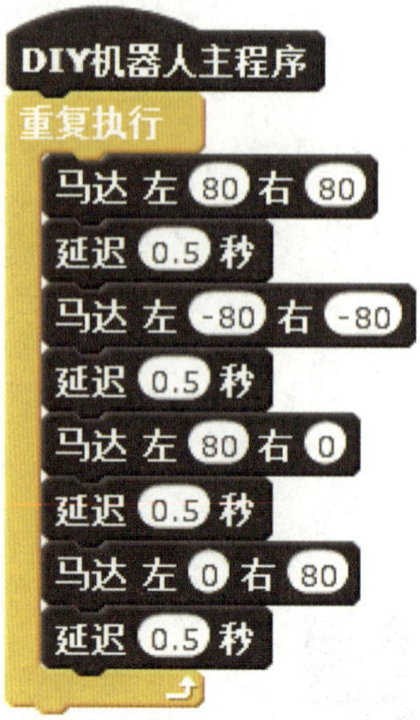

图 10-21　左右马达调试

2. 新建一个变量 a，编写随机左右转弯的子程序，如图 10-22 所示。

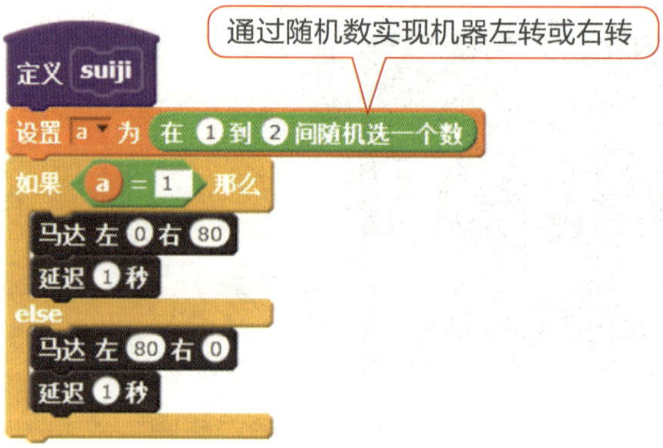

图 10-22　随机子程序

3. 编写后退子程序，如图 10-23 所示。

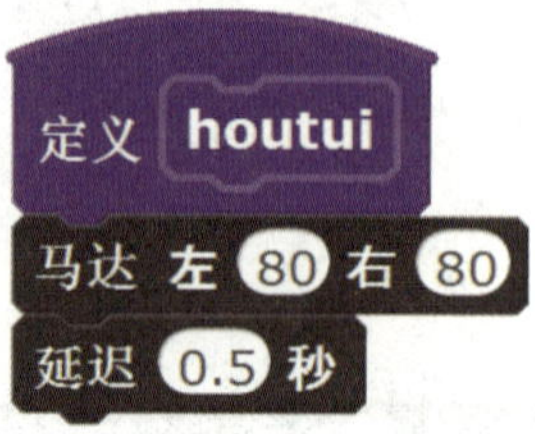

图 10-23　后退子程序

4. 编写主程序，电磁继电器用灯的编程脚本控制其工作，设置合理的超声波检测距离，实现避障，如图 10–24。

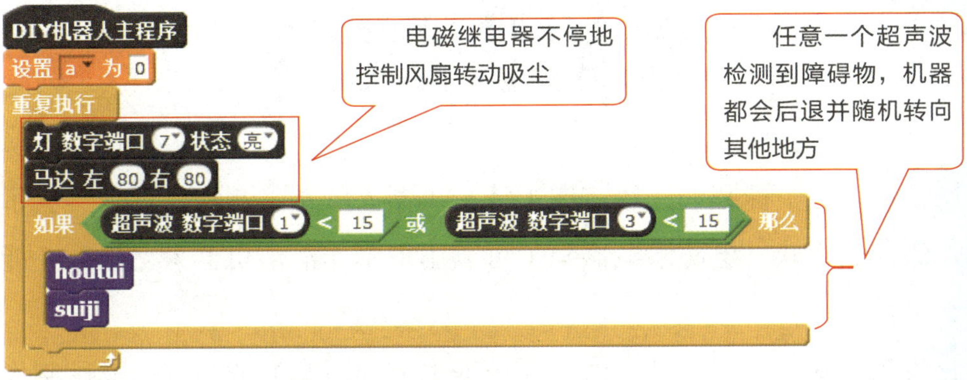

图 10–24　清洁机器人主程序

请同学们在表10–2中填写调试记录。

表 10–2　调试记录表

序　号	内容和现象	修改的模块和参数
1	按下电源开关，观察风扇是否转动吸尘：________	
2	按下电源开关，观察机器人是否正常检测障碍物：________	

（四）修正完善

请同学们开动脑筋，激发奇思妙想，制造具有特色的清洁机器人，并向同学们展示自己的作品。

改造 1: 请同学们对清洁机器人的外形进行改造，做得更加专业些。

改造 2: 对清洁机器人的程序进行改进，实现更丰富的功能。

思维发散

同学们思考一下，对于上面的作品，我们还能做什么改进？能使用其他传感器实现清洁机器人的功能吗？

创意物化

同学们，这节课我们已经掌握了清洁机器人的基本制作原理，学会了电磁继电器的控制方式。电磁继电器除了可以用来制作清洁机器人之外，还能用来做什么呢？

1. 头脑风暴，确定主题。请大家根据本节课所掌握的知识，尝试制作以下作品：（1）定时控制器；（2）光感控制器；（3）其他项目，与同学们分享。表 10–3 是创意物化作品的功能说明，请同学们选择自己感兴趣的项目来完成。

表 10–3　作品功能说明

序　号	项　目	功　能
1	定时控制器	系统定时通过电磁继电器控制 12 V 的家用电器运转。
2	光感控制器	根据光线强度，利用电磁继电器控制部分 12 V 小家电工作。
3		

2. 小组分工，完成表 10–4。

表 10–4　小组人员分工表

项目名称：________	组别：________	
分工内容	姓　名	备　注
设计组		
编程组		
美工组		
操作组		
讲解组		

3. 完成作品设计图。

4. 制作过程记录。

交流评价

1. 向同学们展示自己的作品，同时收集同学们给你的意见，并把你的优化计划写在下框里。

2. 请同学们利用作品评价表 10-5 对同学或自己的作品进行评价。

表 10-5 作品评价表

评价与收获，请为小星星涂上颜色				
评价指标	创新创意	技术功能	外观设计	分享表达
自己评价	☆☆☆☆☆	☆☆☆☆☆	☆☆☆☆☆	☆☆☆☆☆
学生评价	☆☆☆☆☆	☆☆☆☆☆	☆☆☆☆☆	☆☆☆☆☆
老师评价	☆☆☆☆☆	☆☆☆☆☆	☆☆☆☆☆	☆☆☆☆☆
作品改进建议：				

阅读拓展

扫地机器人的发展现状

市场中流行的扫地机器人主要组成部分包括计算机处理器、传感器、电源及供电系统、吸尘器、电动与动力传动机构、操作电位器等几部分。市面上销售的清洁机器人按照底部清扫结构分类，分为有滚刷三段式清扫机构、无滚刷双重清扫机构。在清扫机顶部安装有 3 个超声波距离传感器；在扫地机器人底部前方安装有 6 个接近开关，将接近开关与传感器相连接，构成扫地机器人的距离测绘系统；清扫机安装有两台直流电机；底部安装有吸尘器机构。

图 10-25 工作中的扫地机器人

扫地机器人的工作过程一般是由位于右侧的边刷进行清扫附近的脏物，胶质滚刷则负责卷起体积较大的垃圾吸进垃圾盒，毛质滚刷则将细小灰尘反向送入到垃圾盒中。自动清扫机器人可以实现自动完成室内空旷以及角落灰尘的清扫工作。

现流行的扫地机器人主要功能有自动清扫、定时清扫、智能定位、自动化充电等其他智能化功能。实现了无线终端的控制，可以通过遥控器或者是手机，电脑进行控制。并且扫地机器人装有感应探头，遇到障碍之后能够自动改变方向。内部具有杀菌灯管，可以在清扫过程中有效地杀灭螨虫、细菌、病毒等。但是目前的扫地机器人还处于研发阶段，噪音、吸尘、转动等问题还需优化改进。

第十一章 红外线躲避车
——红外遥控及接收模块的运用

学习体验

观察与思考

红外线是一种光波，它常用在防盗工具与遥控器上。对于红外线信号，人是很难感知它的存在的，但智能小车却能非常灵敏地感知它的存在。请同学们想一想，可不可以利用红外遥控及接收模块设计一辆能躲避红外线的小车呢？请同学们观察下面相关的图片，并组建团队完成任务。

图 11-1　红外线防盗设备

图 11-2　电视遥控器控制电视机

任务

今天，让我们来制作一个可以躲避红外线的智能小车。

项目筹备

（一）组建团队

请组建你的小组，交流讨论并对组内人员进行分工。

（二）准备器材

本项目需要的传感器和其他器材如表 11–1 所示。

表 11–1　器材清单

序　号	名　称	数　量	备　注
1	红外遥控及接收模块	1 套	发送与接收红外线信号
2	LED 灯	1 个	指示是否接收到红外线信号
3	机器人 DIY 主板	1 块	主控器
4	车底盘	1 个	搭建车模型
5	轮子	3 个	1 个前轮 2 个后轮
6	电池	1 组	7.2 V 锂电池
7	电机	2 个	驱动智能车
8	螺丝、铜柱	若干	M3×8、M3×12
9	螺丝刀	1 套	工具
10	热熔胶枪	1 支	
11	胶条	若干	

（三）知识准备

1. 红外遥控及接收模块。

红外遥控及接收模块的作用是发射与接收红外线信号，控制小车行走。红外遥控及接收模块的编程图标是 红外遥控 变量 1 按下 1 。实际应用中要搭配 红外遥控 数字端口 1 来使用。具体用法如下：

设置变量 *i* 为红外接受模块接收的信息，应用编程图标是 红外遥控 变量 i 按下 ← ，当接收的信息为“←”时，执行左马达转速 80r，右马达转速 100r 并延迟 0.5 秒等待命令，如图 11–3 所示。

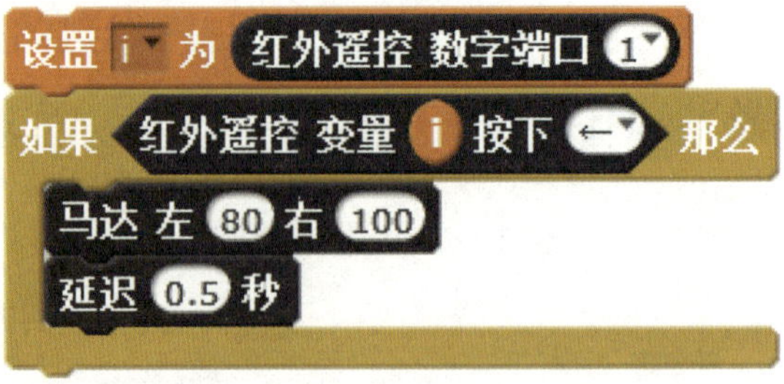

图 11-3　红外遥控程序运行图

在使用红外遥控及接收模块时要注意接线，如果接收模块的正负极接错会导致接收模块烧坏。其接线方法如图 11-4 所示。

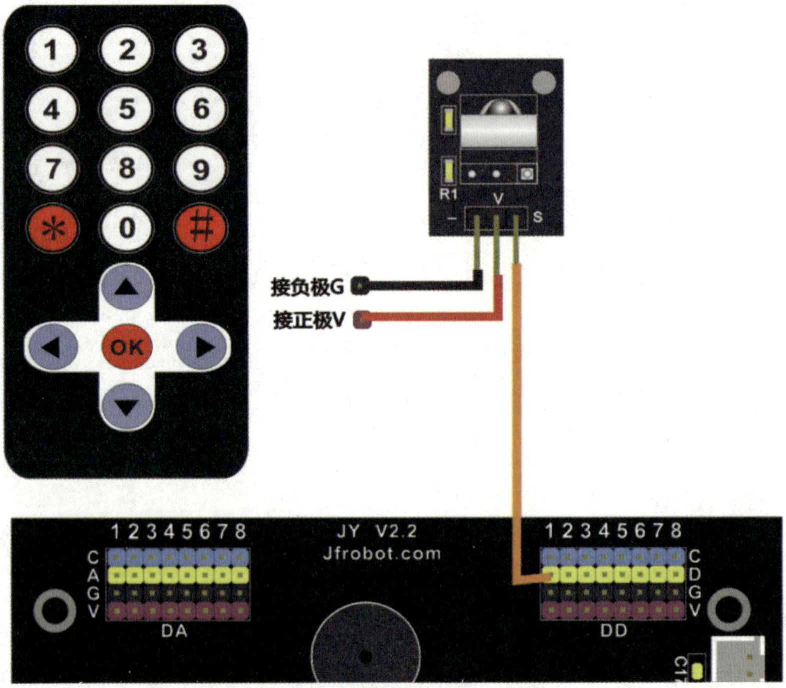

图 11-4　红外遥控及接收模块的接线方法

动手实践

（一）设计流程

根据任务分析，我们可以画出图 11-5 所示的程序流程图。

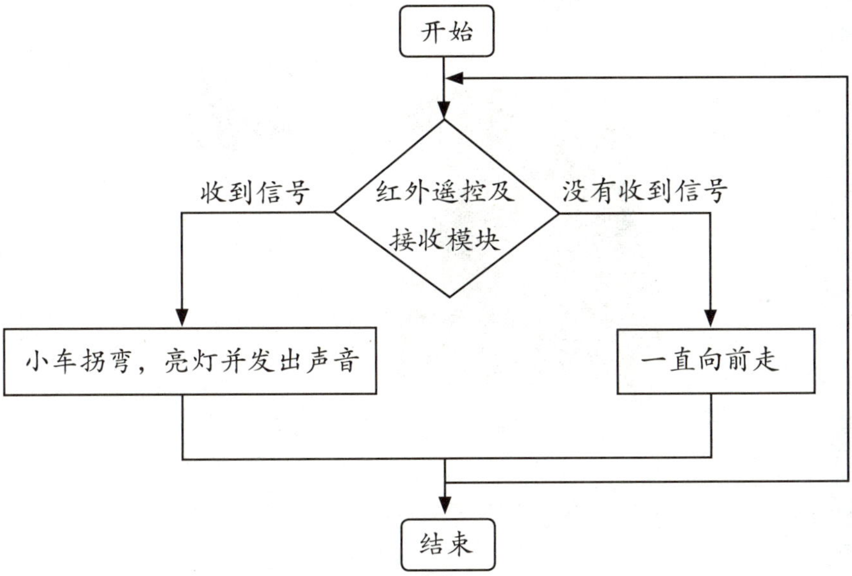

图 11–5　程序流程图

（二）制作实物

红外线躲避车的制作分为两部分完成，第一部分是主体的搭建和传感器的安装，第二部分是传感器和主板的连线，具体制作步骤如下。

1. 主题的搭建与传感器的安装。

如图 11–6 所示，把前轮铜柱安装到车底盘上。

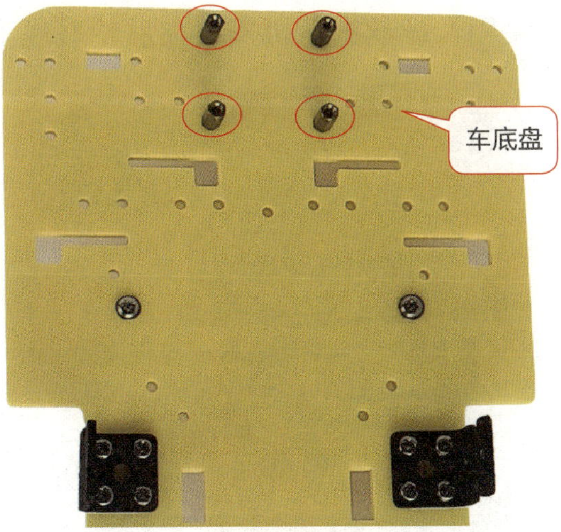

图 11–6　铜柱安装

如图 11-7 所示，在车底盘上安装后轮底座。

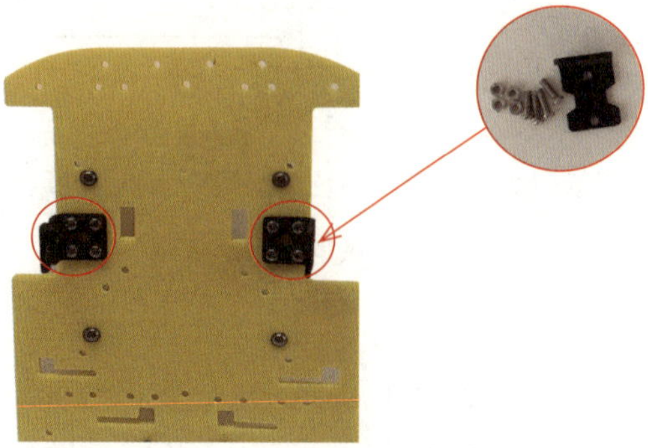

图 11-7　后轮底座安装

如图 11-8 所示，使用螺丝把主板铜柱固定在车底盘上。

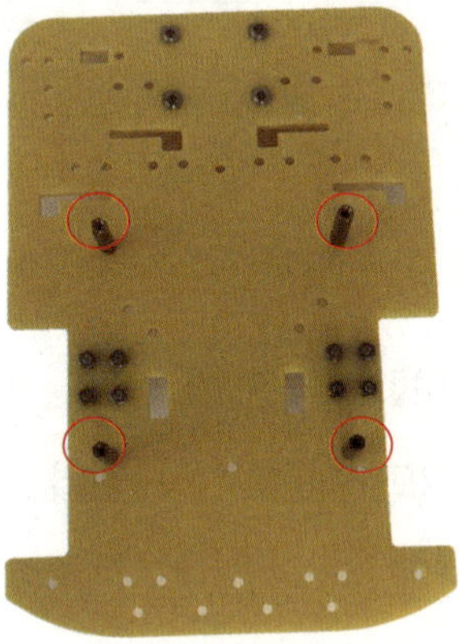

图 11-8　主板铜柱固定

如图 11-9 所示，使用长螺丝把电机安装在后轮底座上。

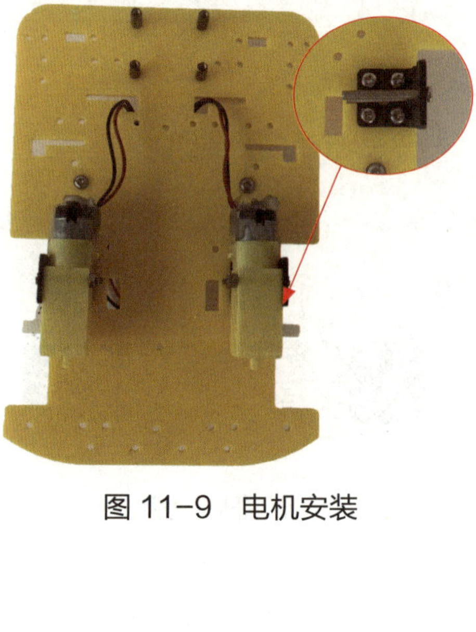

图 11-9　电机安装

如图 11-10 所示，把车轮装在电机上。

图 11-10 车轮安装在电机上

如图 11-11 所示，把主板装在车底盘上。把电机线接好，第一个口接左边电机，第二个口接右边电机。下载测试程序，如果小车打转或后退，则把有问题的电机线正负跳线。

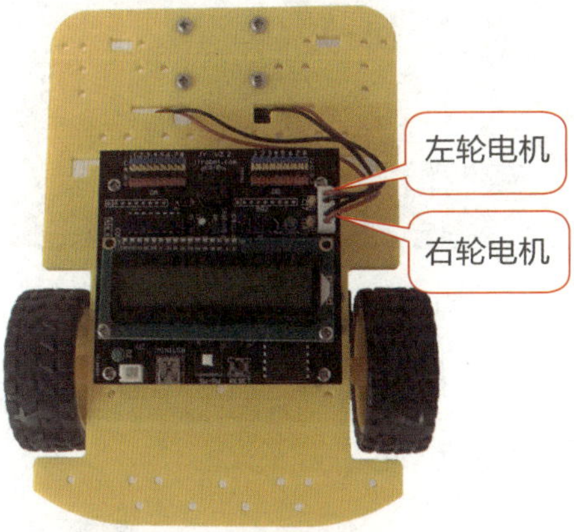

图 11-11 主板安装

如图 11-12 所示，使用螺丝把前轮安装在底盘前端的铜柱上。

图 11-12 前轮安装

如图 11-13 所示，在底盘前端装上铜柱。

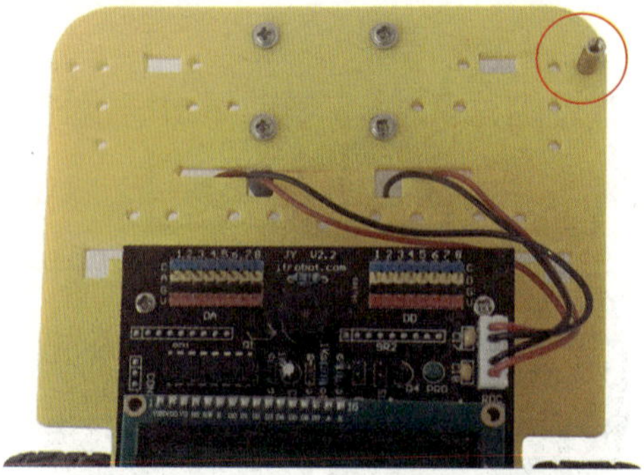

图 11-13　底盘前端钢柱安装

如图 11-14 所示，把灯接在数字端口 2 上，然后使用螺丝把灯安装在铜柱上。

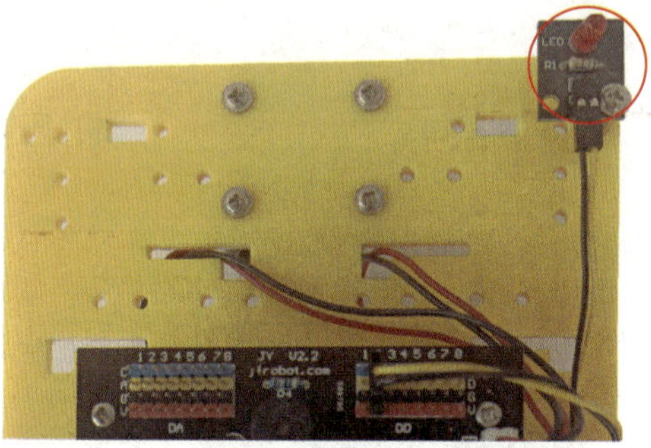

图 11-14　LED 灯安装

如图 11-15 所示，把红外接收模块接在数字端口 1 上，再使用热熔胶把它固定在底盘前端，红外线躲避车便搭建完成。

图 11-15　模型效果图

2. 传感器和主板的接线。

如图 11–16 所示，红外接收模块接在数字口 1，灯接在数字口 2（接线时注意红色线对准 V）。

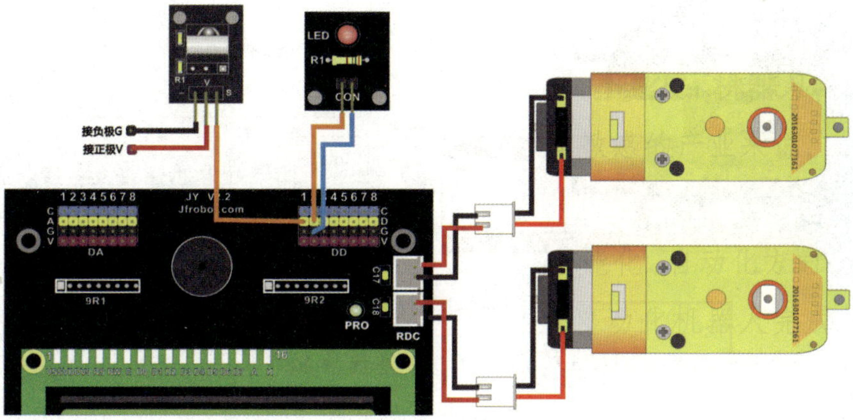

图 11–16 红外线躲避车硬件完整接线图

（三）编程调试

1. 如图 11–17 所示，在数据和指令中选择新建变量，新建全局变量 *i*，用作记录红外遥控接收的信号。

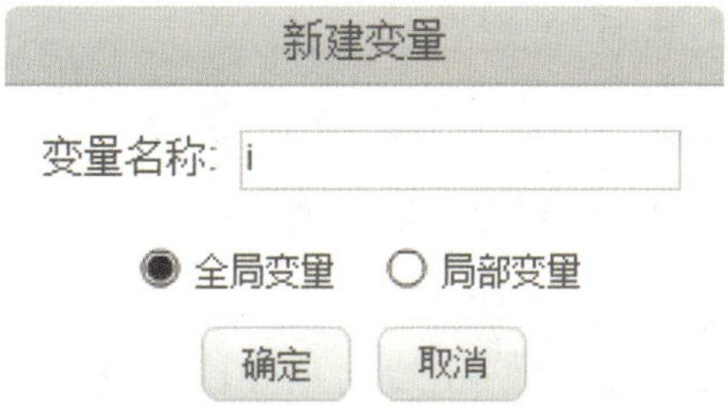

图 11–17 新建变量

2. 如图 11–18 所示，红外遥控器数字端口设置为 1，把变量 *i* 设置为红外遥控接收器接收的信息。

图 11–18 变量设置

3. 按照图 11–19 所示编写红外躲避车程序。当小车接收到红外遥控器的信息为“OK”时，让小车右拐、亮灯并发出声音；当小车没有接收到红外遥控器的信息时，一直向前走。

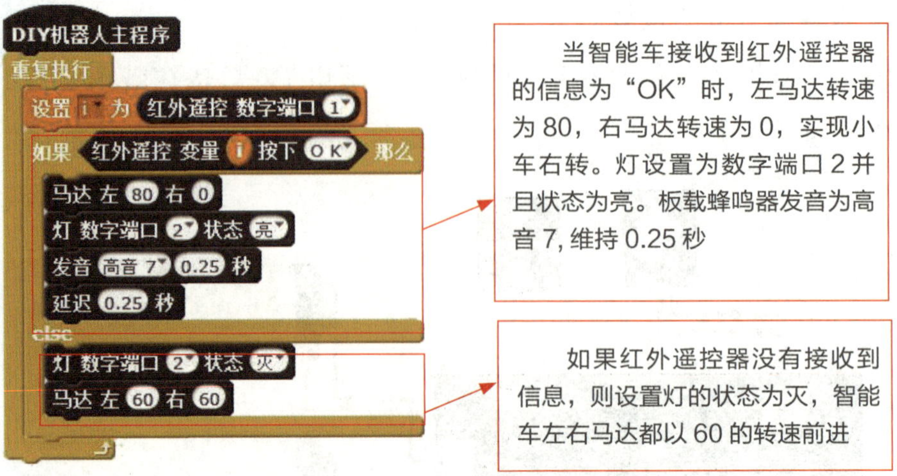

图 11–19　程序运行图

请同学们在表 11–2 上填写调试记录。

表 11–2　调试记录表

序　号	内容和现象	修改的模块和参数
1	按下开关，看小车的行驶状态：________________	
2	在小车开动的状态下，用红外遥控器正对接收模块按下 OK 键，观察小车的行驶情况：________________	
3	在小车开动的状态下，用红外遥控器背对接收模块按下 OK 键，观察小车的行驶情况：________________	

（四）修正完善

改造 1：请同学们对小车的外形进行改造，做得更加专业。

改造 2：小车现在只能接收遥控器发出的单一指令，如何修改程序让小车能接收更多指令？

思维发散

请同学们思考一下：对于上面的作品，我们还能做什么改进？有没有其他传感器同样能实现小车的功能？

创意物化

同学们，在这节课中我们已经掌握了红外线躲避车的基本制作原理，学会了红外遥控及接收模块的控制方式。这些设备除了可以用来制作红外线躲避车以外，还能用来做什么呢？

1. 头脑风暴，确定主题。

请大家根据本节课所掌握的知识，尝试制作以下作品：（1）红外遥控灯；（2）红外遥控变速风扇；（3）遥控电子琴；（4）自己感兴趣的项目，与同学们分享。表11–3是创意物化作品的功能说明，请同学们选择自己感兴趣的项目来完成。

表 11–3　作品功能说明

序　号	项　目	功　能
1	红外遥控灯	利用红外遥控及接收模块控制灯开关
2	红外遥控变速风扇	利用红外遥控及接收模块控制风扇的转速
3	遥控电子琴	利用多个红外遥控及接收模块与蜂鸣器配合，不同的接收器接收信息后发出不同的电子琴声音
4		

2. 小组分工，完成表 11–4。

表 11–4　小组人员分工表

项目名称：____________	组别：____________	
分工内容	姓　名	备　注
设计组		
编程组		
美工组		
操作组		
讲解组		

3. 完成作品设计图。

4. 制作过程记录。

交流评价

1. 向同学们展示自己的作品，同时收集同学们给你的意见，并把你的优化计划写在下面的框里。

2. 请同学们利用作品评价表 11-5 对同学或自己的作品进行评价。

表 11-5　作品评价表

评价与收获，请为小星星涂上颜色				
评价指标	创新创意	技术功能	外观设计	分享表达
自己评价	☆☆☆☆☆	☆☆☆☆☆	☆☆☆☆☆	☆☆☆☆☆
学生评价	☆☆☆☆☆	☆☆☆☆☆	☆☆☆☆☆	☆☆☆☆☆
老师评价	☆☆☆☆☆	☆☆☆☆☆	☆☆☆☆☆	☆☆☆☆☆
作品改进建议：				

阅读拓展

红外线遥控器的发展史

电视遥控器也是一种红外遥控器。说到促使电视遥控器产生的因素，还是要说一说爱看电视的英国女王伊丽莎白二世，她于 1952 年继承王位，在她继位期间，她最大的喜好就是软躺在沙发上看电视！虽然女王喜欢看电视，但是从不喜欢调台，所以她就叫侍女代劳，想看什么台就叫侍女去调，各种台调来调去。时间久了，身边的人每天对她喜欢看什么节目都了如指掌，还在背后说女王格调不高就喜欢看很俗的搞笑节目。最后发展到关于女王喜欢看什么节目这样的信息被人拿去出售获利后来这事传到了女王耳朵里，她感到非常生气并下令要求生

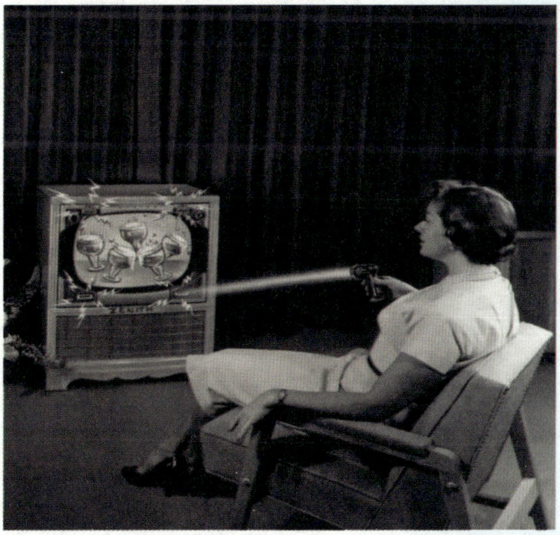

图 11-20　伊丽莎白二世用遥控器调电视台

产电视机的公司给她做一个不需要离开座位就能转换电视频道的机器，于是，电视遥控器就这样被制造出来了。

1955 年，首款无线遥控器诞生。

1955年美国的一家名为Zenith的电器公司发明了一种被称为“Flashmatic”的无线遥控装置。于是全球首款无线遥控器诞生了。但这种装置无法分辨光束是否从遥控器而来，而且也必须对准才可以控制，在操作上不好控制，因此并没有被市场认可且流行开来。

1980 年，红外遥控器得到普及。

1980 年，当发送和接收红外线的半导体装置开发出来时，红外遥控器就慢慢取代了旧式遥控器。此后，红外遥控器就诞生了。红外线遥控是利用近红外光传送遥控指令的，波长为 0.76—1.5um。用近红外作为遥控光源，是因为目前红外发射器件（红外发光管）与红外接收器件（光敏二极管、三极管及光电池）的发光与受光峰值波长一般为 0.8—0.94um，在近红外光波段内，二者的光谱正好重合，能够很好地匹配，可以获得较高的传输效率及较高的可靠性。红外遥控器的优点也是显而易见的，那就是制造成本极低，因此被广泛地使用至今。

不过在后来的逐渐使用中，人们也慢慢发现，传统的红外遥控器有很多缺点。比如随着电视屏幕逐渐增大，但是红外接收窗口却越来越小，一些新型的室内灯光设备，以及电视的安装方式不同，也都会对遥控器的红外接收窗操作造成干扰。

第十二章 蓝牙遥控机器人

——手机 APP 的开发

学习体验

观察与思考

现在智能设备越来越普及，例如智能手表、谷歌眼镜、智能头箍等，这些智能设备之间一般使用蓝牙技术进行通信，在设备的控制端，一般采用手机或平板。请同学们思考一下：在平时的生活中，有哪些产品是可以用蓝牙来进行交互的？如果我们能自己动手编写一个手机 APP 来控制自己的机器人，是不是很酷呢？

图 12-1　蓝牙自拍设备

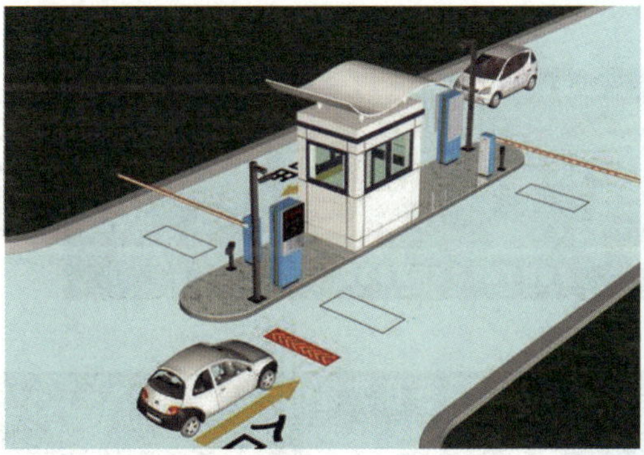

图 12-2　蓝牙自动收费杠

任务

制作一台蓝牙遥控机器人，动手编写手机 APP 程序，并控制蓝牙机器人，让机器人实现前进、后退、左转和右转功能。

项目筹备

（一）组建团队

请组建你的小组，交流讨论并对组内人员进行分工。

（二）准备器材

本项目需要的传感器和其他器材如表 12–1 所示。

表 12–1　器材清单

序　号	名　称	数　量	备　注
1	蓝牙传感器	1 个	安装在机器人上，实现通信
2	灯模块	1 个	接收到信号的时候，灯亮
3	机器人 DIY 小车	1 套	主控器
4	螺丝	若干	连接结构

（三）知识准备

蓝牙传感器的作用主要是实现和手机蓝牙的通信，它的编程图标是 蓝牙接收 数字端口 1 检测 1 毫秒 。它和主板的接线如图 12–3 所示。

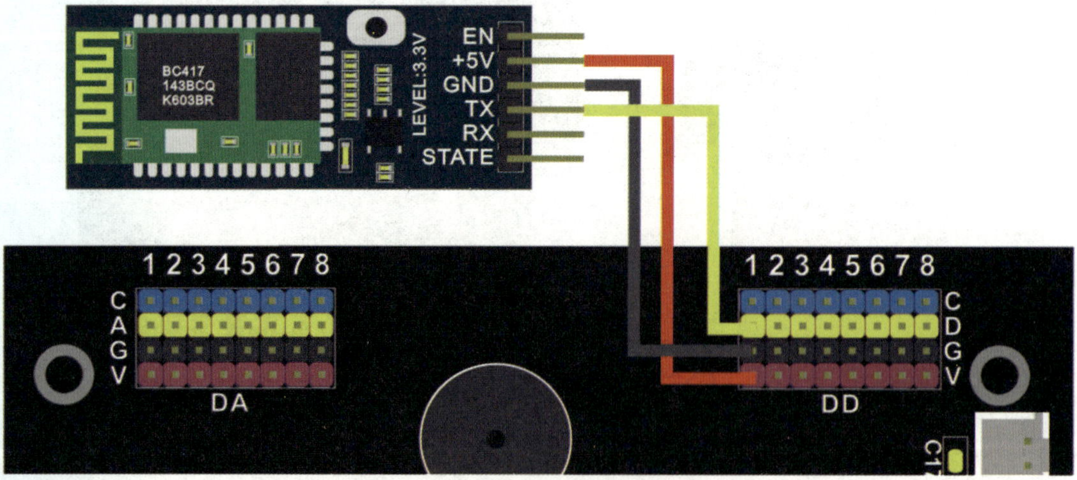

图 12–3　蓝牙和主板的接线图

动手实践

（一）设计流程

根据任务分析，我们可以画出如图 12–4 所示的程序流程图。机器人不断读取蓝牙传感器的数值，当蓝牙传感器接收到手机发出的指令时，机器人会控制灯亮，并根据蓝牙接收到的指令执行不同的动作。

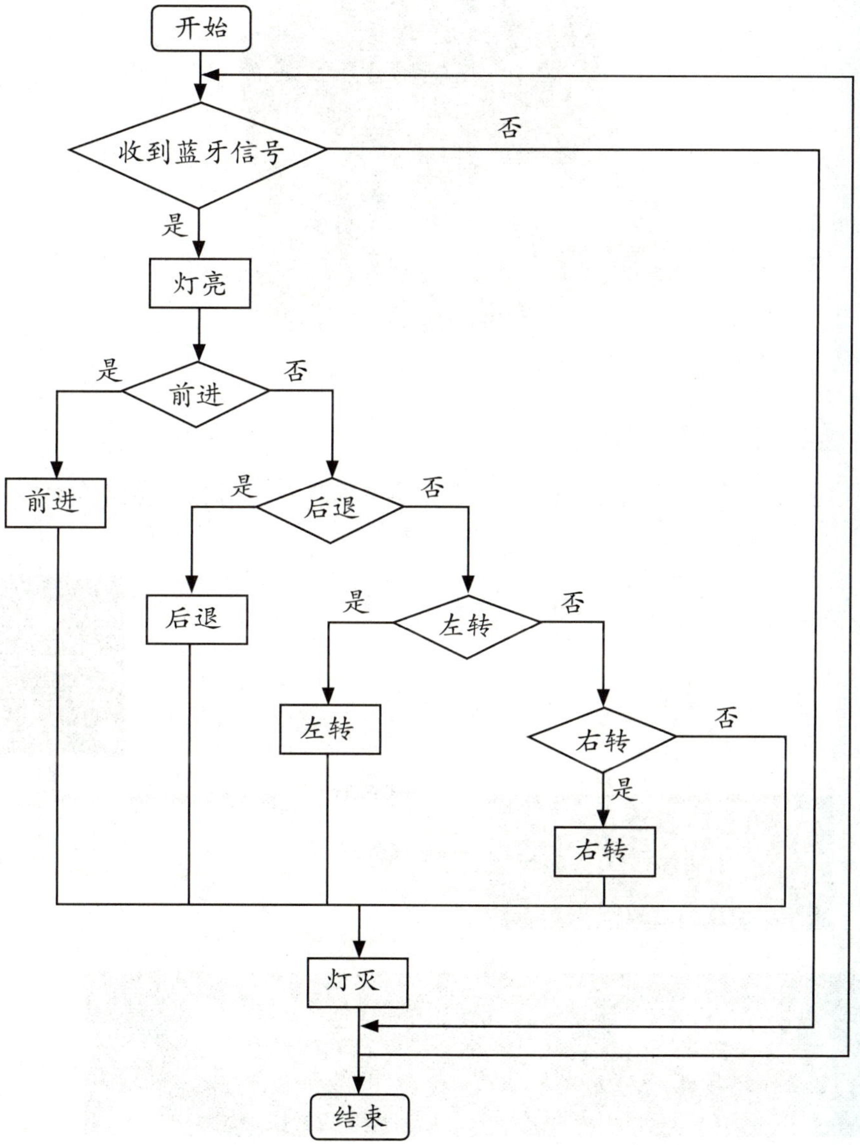

图 12–4　程序流程图

（二）制作实物

蓝牙遥控机器人的制作分为两部分完成。第一部分是主体的搭建和传感器的安装，第二部分是传感器和主板的连线，具体制作步骤如下。

1. 主体的搭建与传感器的安装。

安装效果图如图 12–5 所示。

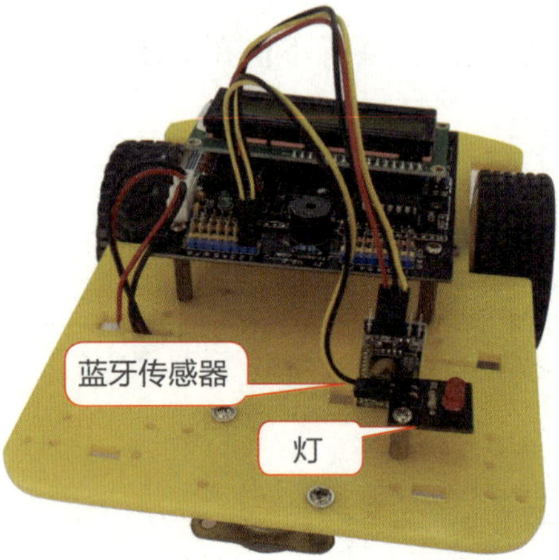

图 12–5　安装效果图

2. 传感器和主板的连接。

如图 12–6 所示，其中蓝牙模块接在数字端口 1，灯模块接在数字端口 2。

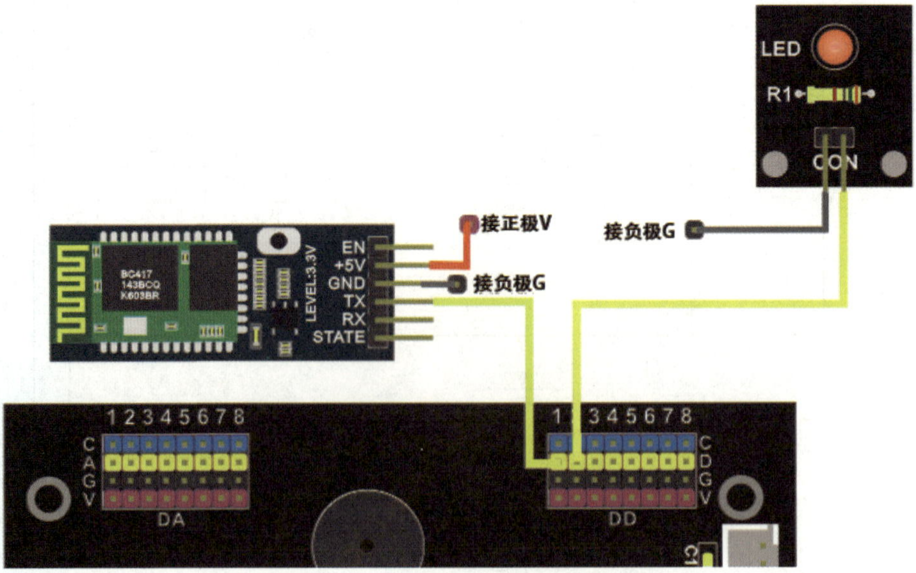

图 12–6　传感器和主板接线图

（三）编写调试

蓝牙遥控机器人的编程分两部分，一部分是机器人的编程，另一部分是手机 APP 的编程。

1. 机器人编程。

打开 Scratch 编程软件，按照以下步骤进行编程。

（1）新建变量 *ly*，如图 12-7 所示。

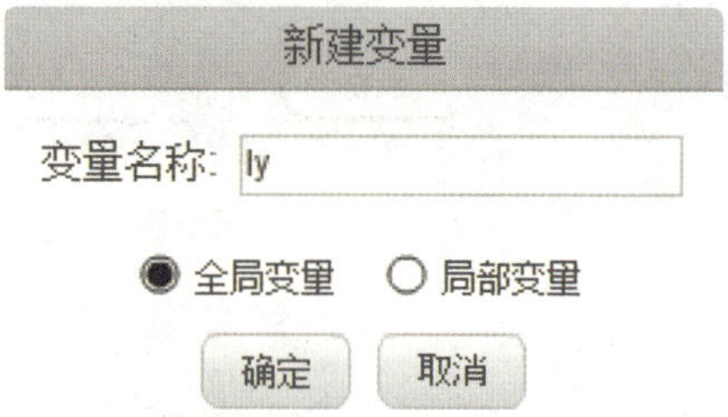

图 12-7　新建变量

（2）编写蓝牙控制程序，如图 12-8 所示。

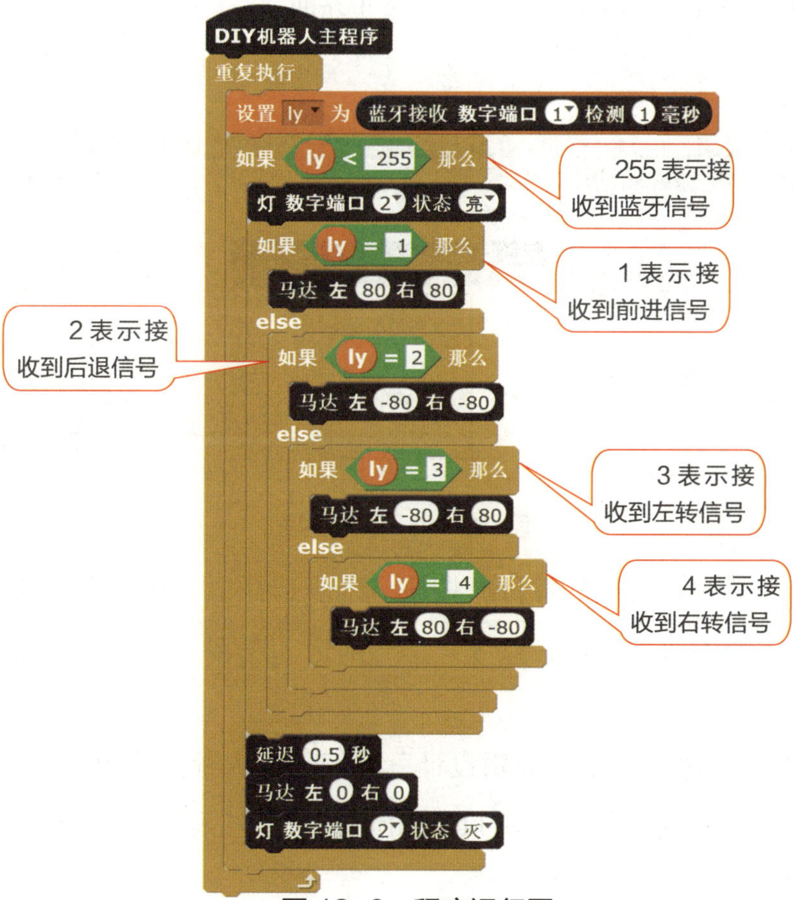

图 12-8　程序运行图

2. 手机 APP 编程。

（1）登录 APP Inventor 网站，网址 http://app.gzjkw.net，可以直接使用 QQ 登录，如图 12-9 所示。

图 12-9　登录界面

（2）新建项目，如图 12-10 所示设计界面。

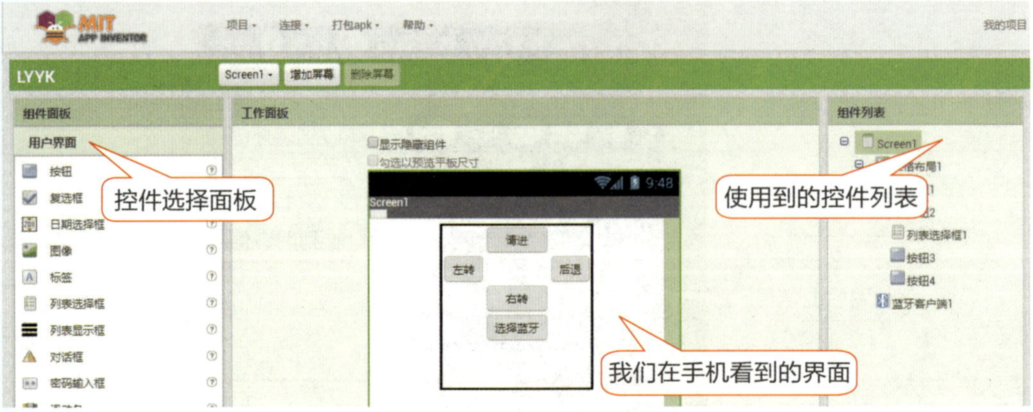

图 12-10　设计界面

在图 12-10 中，使用的控件有按钮、列表选择框、蓝牙客户端。其中列表选择框的文本属性改为“选择蓝牙”。有前进、左转、右转、后退字样的按钮属于按钮控件。

（3）编写程序，点击“逻辑设计”按钮，进入程序代码界面。

在编程界面中，按照图 12-11 来编写蓝牙连接程序，按照图 12-12 来编写发送按钮指令程序。

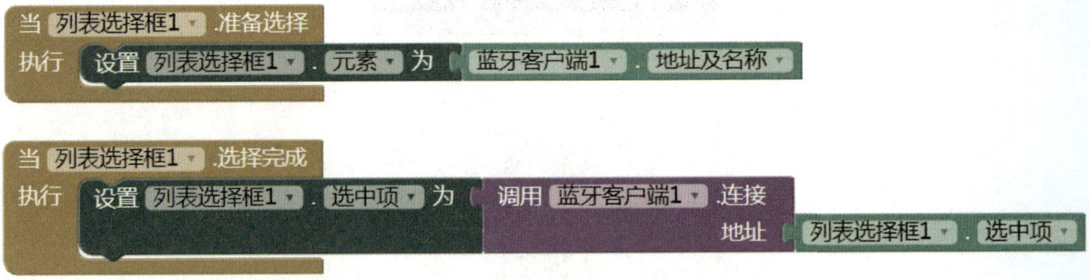

图 12-11　蓝牙连接程序

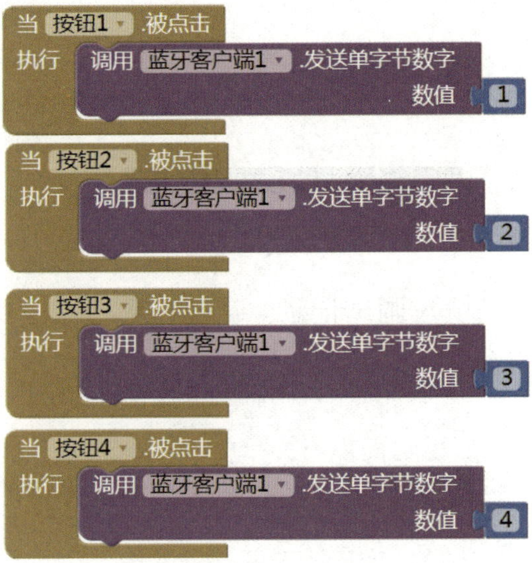

图 12-12　发送按扭指令程序

图 12-12 中的 1、2、3、4 和图 12-8 中的 1、2、3、4 一一对应。

程序编写结束后，通过图 12-13 的两种方式，把程序下载到手机里。

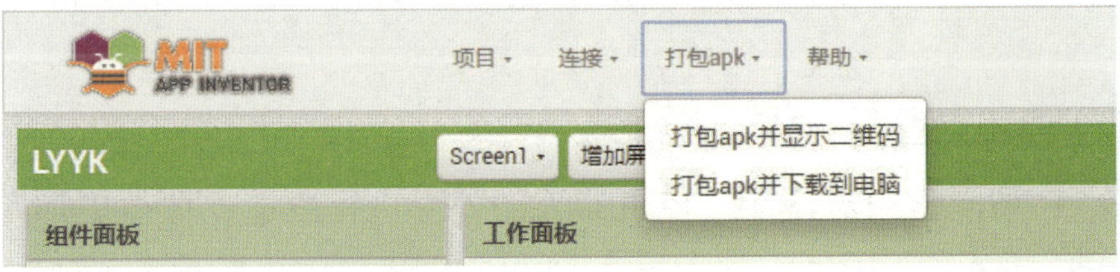

图 12-13　下载程序

在开始调试之前，要启用手机蓝牙功能，并和蓝牙模块进行连接，手机和蓝牙模块的连接请参考第一章的连接方法，手机和蓝牙连接成功后，再打开手机 APP，点击“蓝牙选择”按钮，在列表框中选择刚才连接好的蓝牙，就可以进行各种操作了，操作如图 12-14 所示。

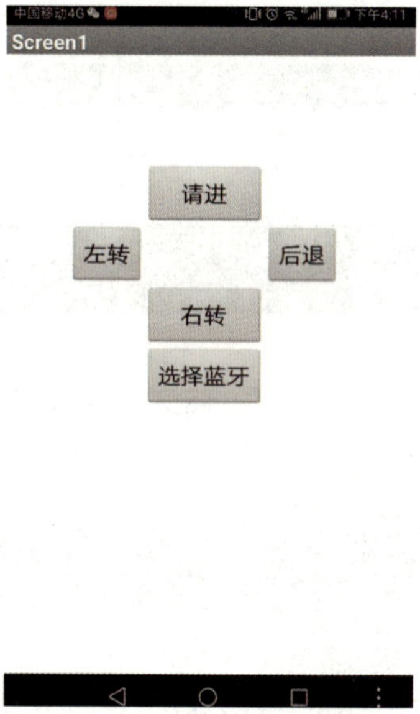

图 12-14 手机 APP 蓝牙模块调试

请同学们在表 12-2 上填写调试记录。

表 12-2 调试记录表

序　号	内容和现象	修改的模块和参数
1	按下手机前进按键，机器人的表现：________________	
2	按下手机后退按键，机器人的表现：________________	
3		

（四）修正完善

改造 1：请同学们对蓝牙遥控机器人的外形进行改造，做得更加专业些。

改造 2：对目前的机器人功能进行升级，让蓝牙遥控机器人功能更加强大。

思维发散

请同学们思考一下：对于上面的作品，我们还能做什么改进？有没有其他传感器同样能实现在手机上遥控机器人的功能？

创意物化

同学们，在这里我们已经掌握了蓝牙机器人的基本制作原理，学会了手机 APP 的编程，我们除了利用手机 APP 控制机器人行走之外，还能用来做什么呢？

1. 头脑风暴，确定主题。

请大家根据本节课所掌握的知识，尝试制作以下作品：（1）环境采集车；（2）老人药箱；（3）手机手势车；（4）自己感兴趣的其他项目，与同学们分享。表 12–3 是创意物化作品的功能说明，请同学们选择自己感兴趣的项目来完成。

表 12–3　作品功能说明

序　号	项　目	功　能
1	环境采集车	手机蓝牙显示车的方位或采集到的温湿度等信息
2	老人药箱	手机扫描药物二维码，并把药物播报出来
3	手机手势车	利用手机的陀螺仪传感器，根据手机的姿势，控制车的前进和后退
4		

2. 小组分工，完成表 12–4。

表 12–4　小组人员分工表

项目名称：________	组别：________	
分工内容	姓　名	备　注
设计组		
编程组		
美工组		
操作组		
讲解组		

3. 完成作品设计图。

4. 制作过程记录。

交流评价

1. 向同学们展示自己的作品，同时收集同学们给你的意见，并把你的优化计划写在下面的框里。

2. 请同学们利用作品评价表 12-5 对同学或自己的作品进行评价。

表 12-5　作品评价表

评价与收获，请为小星星涂上颜色				
评价指标	创新创意	技术功能	外观设计	分享表达
自己评价	☆☆☆☆☆	☆☆☆☆☆	☆☆☆☆☆	☆☆☆☆☆
学生评价	☆☆☆☆☆	☆☆☆☆☆	☆☆☆☆☆	☆☆☆☆☆
老师评价	☆☆☆☆☆	☆☆☆☆☆	☆☆☆☆☆	☆☆☆☆☆
作品改进建议：				

阅读拓展

手机病毒介绍

手机病毒是一种具有传染性、破坏性的手机程序，可用杀毒软件进行查杀与清除，也可以手动卸载。其可利用发送短信、彩信、电子邮件，浏览网站，下载铃声，蓝牙传输等方式进行传播，会导致用户出现手机死机、关机、个人资料被删、向外发送垃圾邮件、泄露个人信息、自动拨打电话、发短（彩）信等问题，甚至会损毁 SIM 卡、芯片等硬件，导致使用者无法正常使用手机。历史上最早的手机病毒出现在 2000 年。下面给同学们介绍几种知名病毒。

1.MSP.lx.C(藏于冷血狙击、坦克大战、疯狂骑士等应用程序)

该系列木马：开机自启，短信电话监控，电话状态改变，打出电话接收到四个广播后启动服务 ZbezjService，执行恶意行为。

危害：私自联网下载流氓软件，安装流氓软件，窃取用户的短信内容和通话记录以及手机信息，通过联网上传到木马服务器。

2.PSCa.sb.A（藏于抢占海岛、细胞大战、钻石迷情、拉灯、疯狂打地鼠、扫雷等应用程序）

该系列木马：电话信号强度，电量变化，开机自启三个广播接收后启动服务 UpdateServic，执行恶意行为。

危害：尝试获取 ROOT 权限，私自下载并安装流氓软件，消耗用户的手机流量，窃取用户的隐私资料。

3.MDa.mj.A(藏于 3D 炫动魔方、iCalendar 等应用程序)

该系列木马：私自发送短信订制 SP 业务，屏蔽运营商回执过来的短信。

危害：恶意订制付费业务，造成资费消耗。

第十三章 DIY 无线遥控车

——2.4 G 无线通信模块的运用

学习体验

观察与思考

遥控器在生活中无处不在，有的用在电视机上，有的用在空调上。通过遥控器发出信号，人们可以实现无线遥控功能。同学们有没有想过用遥控器来控制智能小车呢？请同学们观察下面关于遥控车的图片后，组建团队完成任务。

图 13-1　遥控模型车

图 13-2　使用遥控器控制汽车

任务

今天，我们为智能小车添加遥控功能，使智能小车能听从遥控器的指令来行走。

项目筹备

（一）组建团队

请组建你的小组，交流讨论并对组内人员进行分工。

（二）准备器材

本项目需要的传感器和其他器材如表 13–1 所示。

表 13–1　器材清单

序　号	名　称	数　量	备　注
1	2.4 G 无线通信模块	2 个	发射与接收无线信号
2	摇杆	2 个	控制小车行走
3	机器人 DIY 主板	2 块	主控器
4	结构件	1 套	搭建外观
5	车底盘	1 个	搭建车模型
6	轮子	3 个	1 个前轮 2 个后轮
7	电机	2 个	驱动智能车
8	电池	1 组	7.2 V 锂电池
9	螺丝、铜柱	若干	M3 × 8、M3 × 12
10	螺丝刀	1 套	工具

结构件清单如下：

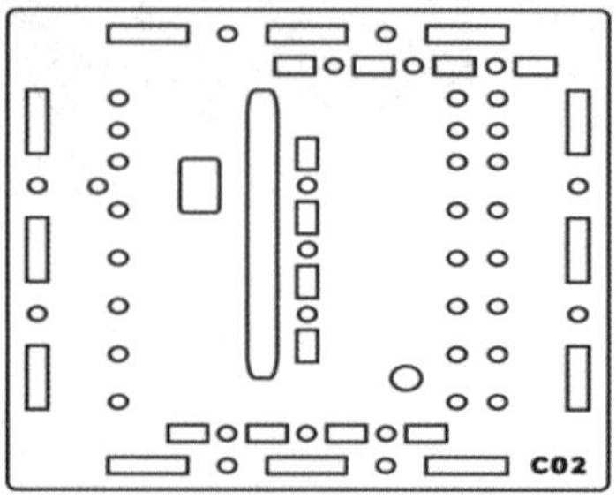

C02 × 1

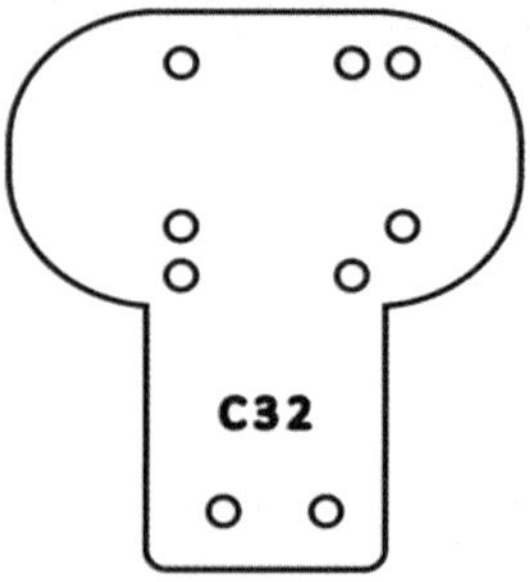

C32 × 2

（三）知识准备

1.2.4 G 无线通信模块。

2.4 G 无线通信模块的作用是发射与接收无线信号，与摇杆结合控制小车行走。2.4 G 无线通信模块编程分为发射信号与接收信号，其发射信号的编程图标是 2.4G无线发送 机器人ID 100 传感器ID 50 数据 10 。其接收信号的编程图标是 2.4G无线接收 机器人ID 100 传感器ID 50 。

需要注意的是 2.4 G 无线通信模块是按传感器 ID 来通信的，无线发射端 ID50 只能与接收端 ID50 通信，课前建议提前分配 ID 号（ID 号范围 1—50）。

2.4 G 无线通迅模块与主板连接，如图 13-3 所示。

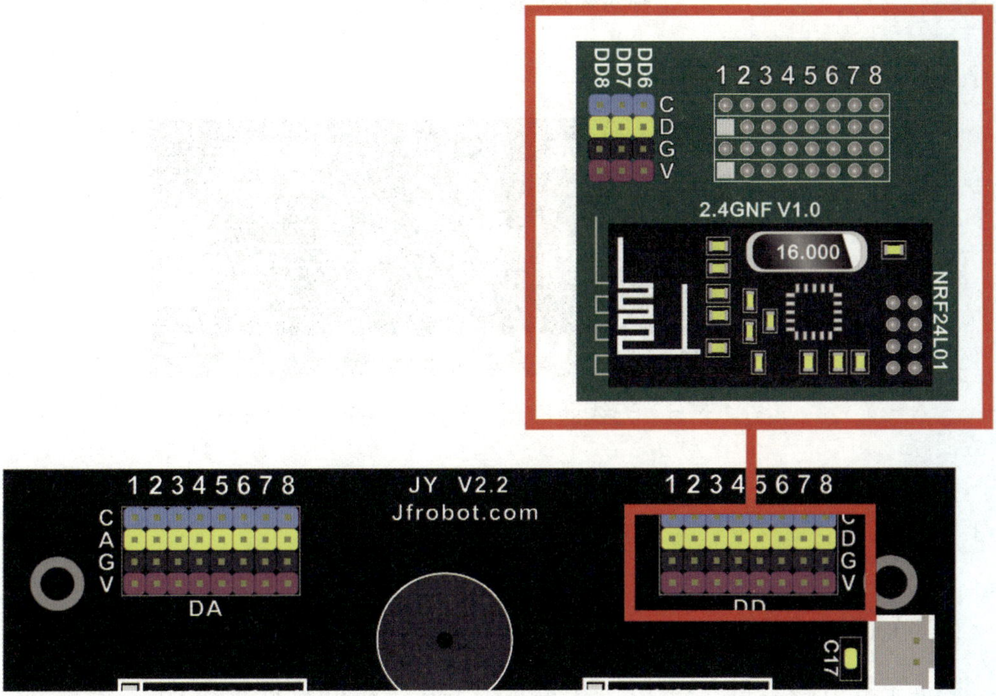

图 13-3　2.4 G 无线通讯模块与主板接线图

2. 摇杆。

摇杆是组成遥控器的重要部件，利用摇杆参数的变化值，达到控制小车的目的。摇杆的编程图标是 摇杆 模拟端口 端口 。在使用摇杆前要下载测试程序来测定摇杆的中位，读取摇杆居中时的数值，测试程序如图 13-4 所示。

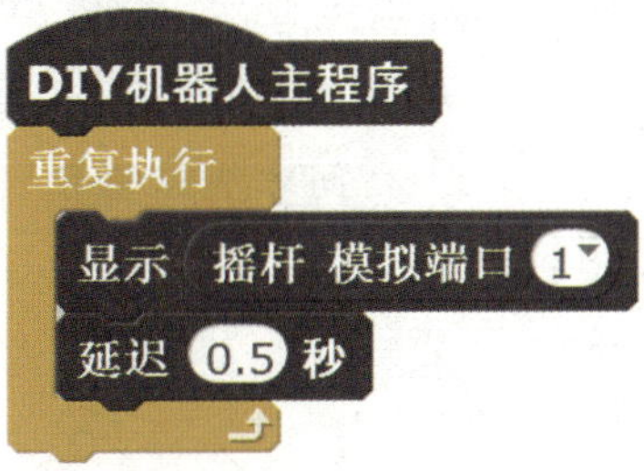

图 13-4　测试程序图

摇杆与主板连线，如图 13–5 所示。

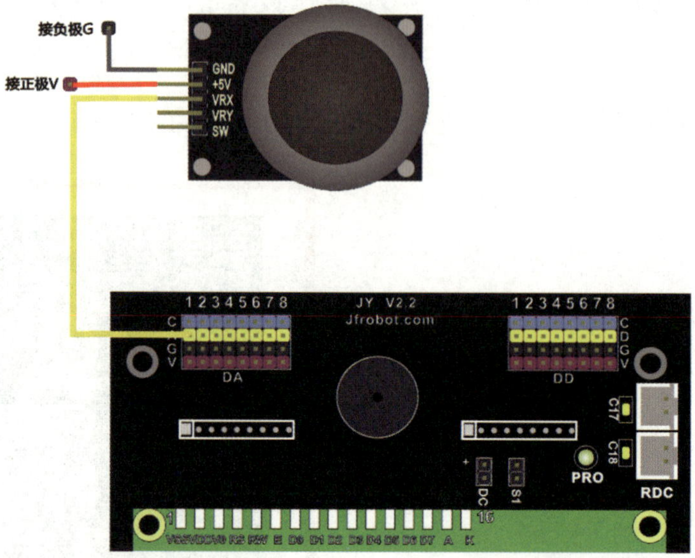

图 13–5　无线遥控器上摇杆与主板的接线图

动手实践

（一）设计流程

根据任务分析，我们可以画出如图 13–6 所示的程序流程图。

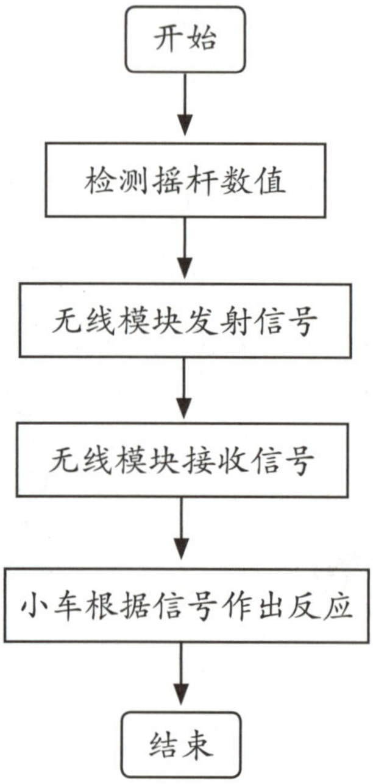

> 小提示：
>
> （1）摇杆的数值范围为 0—255。
>
> （2）无线模块 ID 只有 50 组，相同的 ID 之间才能传输数据。

图 13–6　程序流程图

（二）制作实物

DIY 无线遥控车的制作分为三部分完成，第一部分是模型小车的安装，第二部分是无线遥控器的安装，第三部分是传感器和主板的接线，具体制作步骤如下。

1. 模型小车的安装。

如图 13–7 所示，把 2.4 G 无线通信模块装在小车主板上。

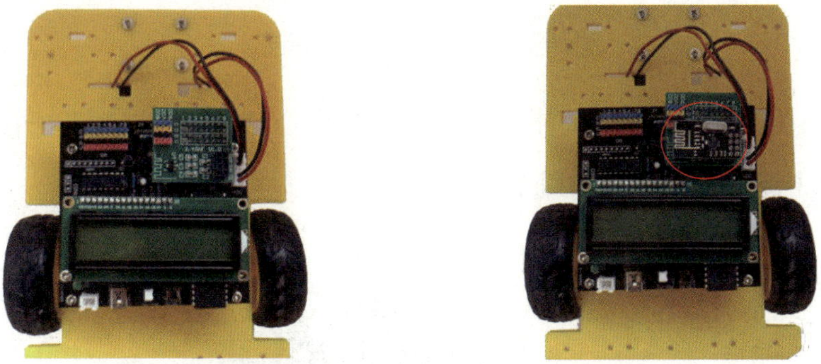

图 13–7　2.4 G 通信模块安装

2. 无线遥控器的安装。

使用螺丝把摇杆安装在结构件 C32 上，注意插针方向，一个垂直一个水平。如图 13–8 所示。

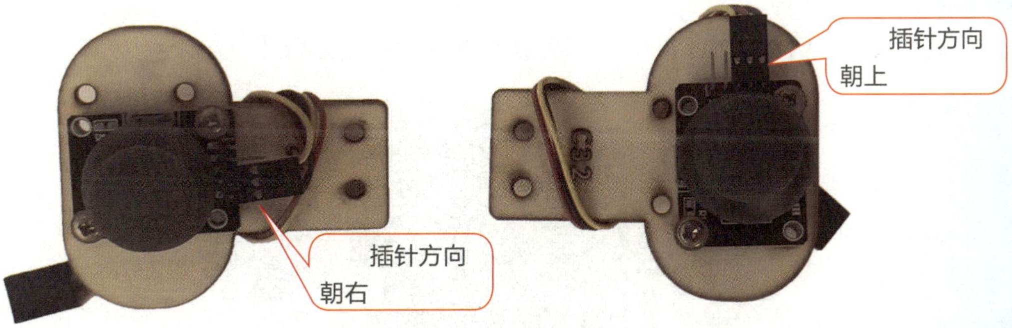

图 13–8　摇杆安装

如图 13–9 所示，在结构件 C02 指定位置固定铜柱，并把 2 个摇杆用螺丝固定在结构件 C02 两侧。

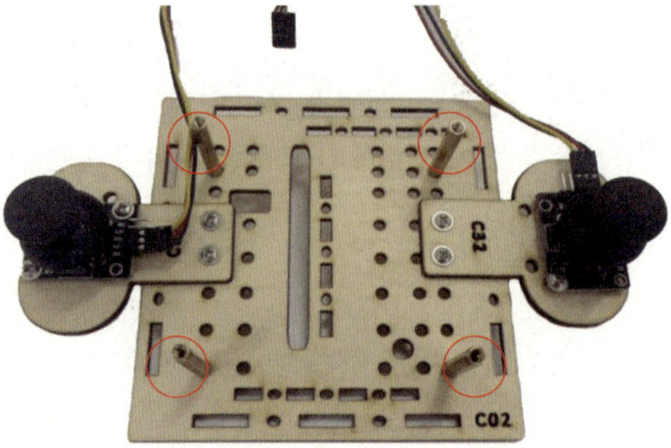

图 13–9　钢柱、摇杆固定

如图 13–10 所示，把 DIY 主板装在结构件 C02 上，左边摇杆接在模拟端口 1 上，右边摇杆接在模拟端口 2 上。

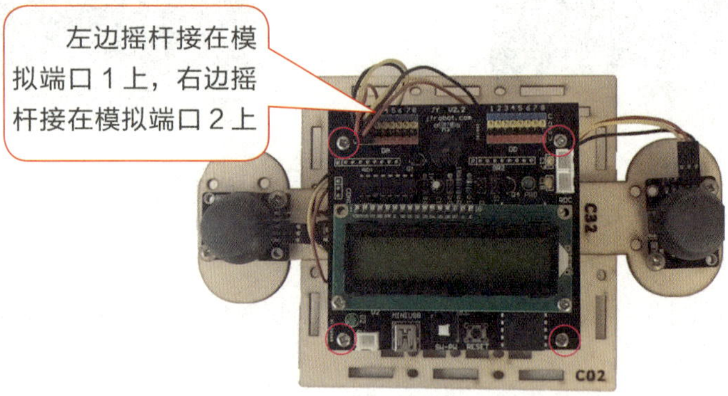

图 13–10　DIY 主板、摇杆与结构件组装

如图 13–11 所示，把 2.4 G 无线通信模块装在主板上。

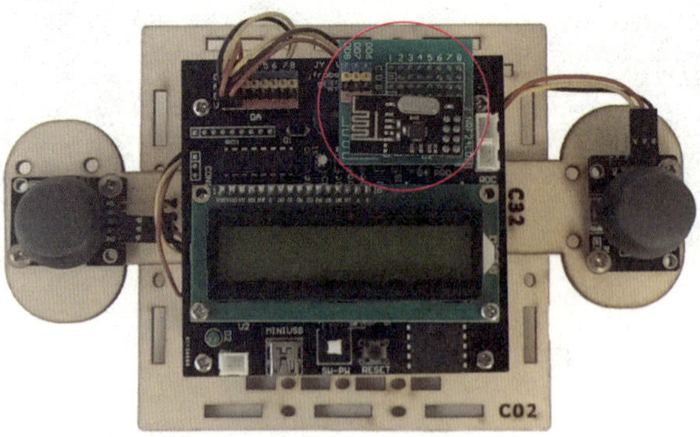

图 13–11　2.4 G 通信模块与主板组装

在主板下装上魔术贴，把电池固定在主板下方。无线遥控器制作完成，如图 13–12 所示。

图 13-12　无线遥控车遥控器模型效果图

3. 传感器与主板的接线。

DIY 无线遥控车的传感器接线图如图 13-13 所示，把 2.4 G 无线通信模块接在数字端口 1—8 上，电机接在电机接口。

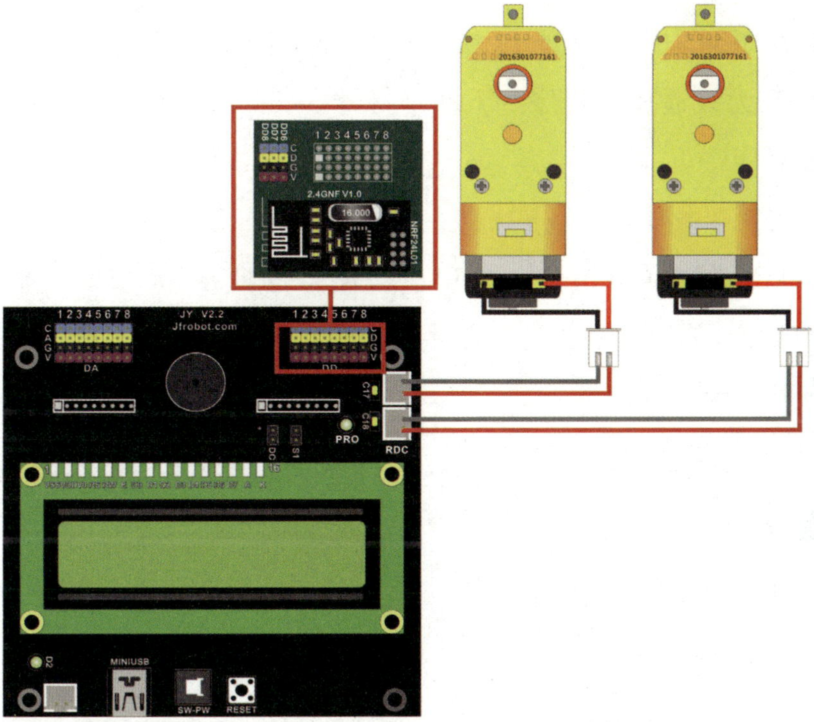

图 13-13　DIY 无线遥控车的传感器与主板接线图

无线遥控器的传感器接线图如图 13-14 所示，把摇杆 1 接在模拟口 1，摇杆 2 接在模拟口 2、2.4 G 无线通信模块接到接线卡上。（连接时注意红色线对准 V）

图 13-14　无线遥控器的传感器接线图

（三）编程调试

本车的程序编写分成两部分完成，一部分为 DIY 无线遥控车遥控器程序，一部分为 DIY 无线遥控车程序。下面请打开 Scratch 编程软件开始编写无线遥控车、遥控器程序。

1. 无线遥控车程序。

（1）单击“数据与指令”菜单，新建全局变量 *qh* 与 *xy*。*qh* 变量用于表于摇杆前后摇动数值变化，*zy* 变量用于表示摇杆左右摇动数值变化。如图 13-15 与图 13-16 所示。

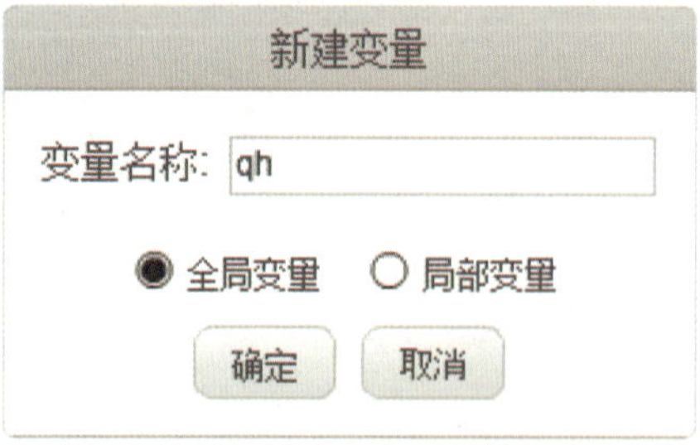

图 13-15　新建变量 *qh*

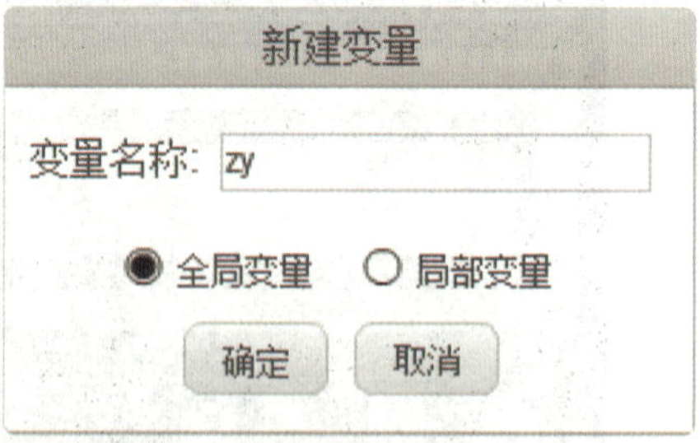

图 13-16　新建变量 *zy*

（2）设置变量 *qh* 为摇杆 1，设置变量 *zy* 为摇杆 2。如图 13-17 所示。

图 13-17　设置变量 *qh* 和 *zy*

（3）经测试摇杆居中时参数为 140 左右，调节摇杆的灵敏度可以把参数增加或减少 20。当 *qh* 大于 160 时发出前进信号；当 *qh* 小于 120 时发出后退信号；当 *zy* 大于 160 时发出右转信号；当 *zy* 小于 120 时发出左转信号。遥控器程序编写完成，（注意：2.4 G 无线通信模块要设置相同的 ID 号才能通信，ID 号编程图标为 2.4G无线发送 机器人ID 100 传感器ID 50 数据 10 。ID 号只有 50 组，为了避免 2.4 G 信号之间互相干扰，实验前请教师分配好传感器 ID 号），具体程序如图 13–18 所示。

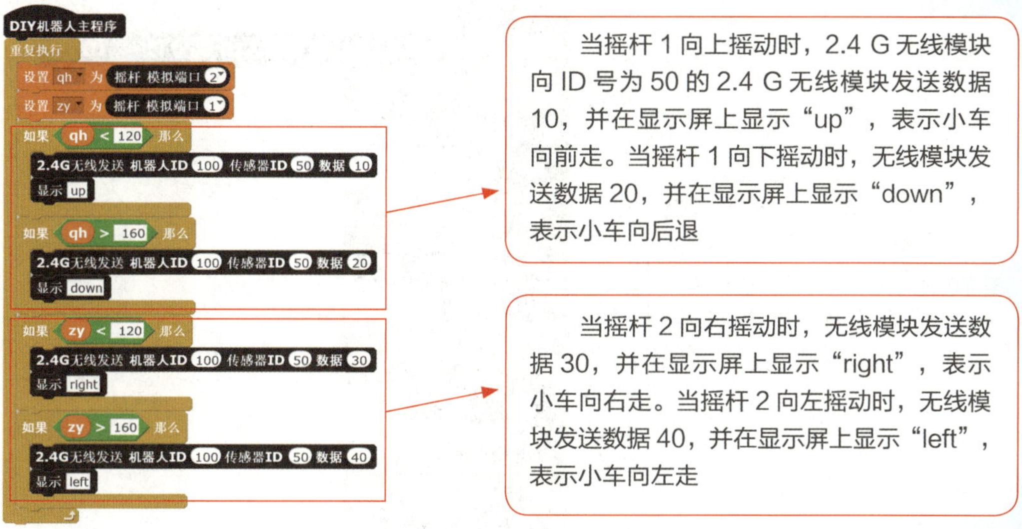

图 13–18 程序运行图

2.DIY 无线遥控车程序。

（1）新建 *xh* 全局变量，用于采集接收 2.4 G 无线通信模块信息，如图 13–19 所示。

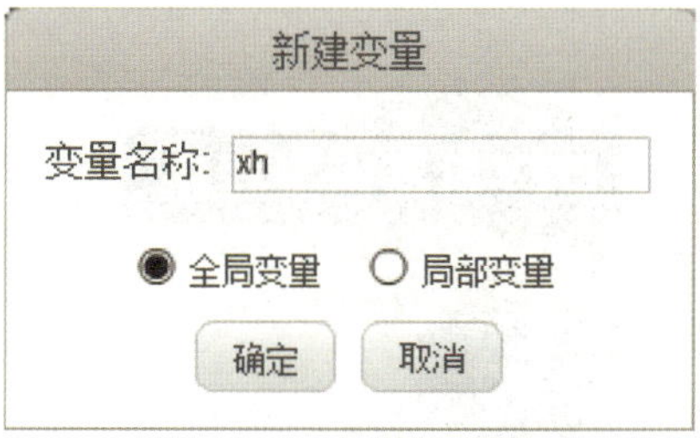

图 13–19 新建变量 *xh*

（2）单击“更多……”菜单，选择“新建模块指令”，新建 *yg* 子模块，用于编写接收遥控器发出的信息程序。

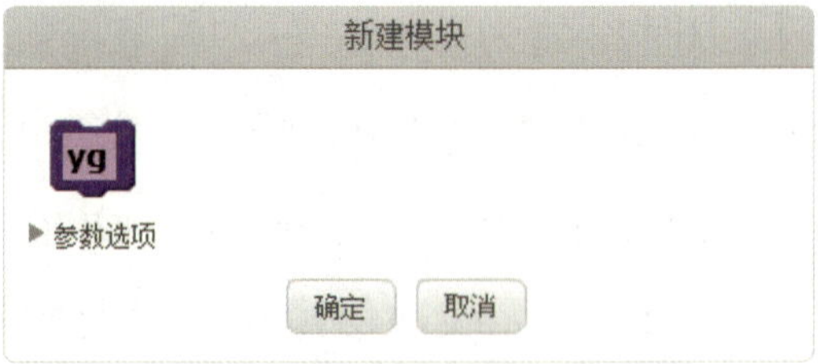

图 13–20　新建 *yg* 子模块

（3）定义 *yg* 指令模块，程序如图 13–21 所示。

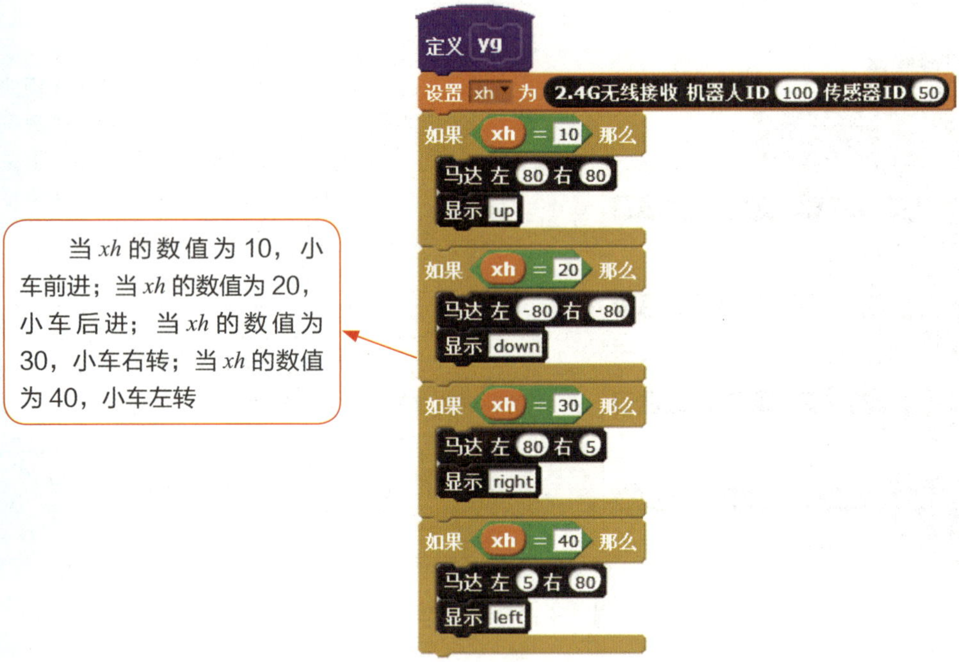

图 12–21　程序运行图

（4）把 *yg* 指令模块拖入重复执行中，无线遥控车程序便编写完成，如图 13–22 所示。

图 13–22　*yg* 指令模块

请同学们下载程序测试一下自己的无线遥控车。

请同学们在表 13–2 上填写调试记录。

表 13–2　调试记录表

序　号	内容和现象	修改的模块和参数
1	前后摇动摇杆，看小车的表现：________________	
2	左右摇动摇杆，看小车的表现：________________	
3		

（四）修正完善

改造：请同学们对小车的外形进行改造，做得更专业些。

当你摇动左摇杆时车就会往左转弯，当你摇动右摇杆时小车便会往右转弯。但是如果同时左右摇动两个摇杆，车会不听指挥。为了避免这种错误，我们应该怎样修改程序呢？请同学们对程序进行完善。（提示：我们可以使用判断语句，当遥控器做出一些错误操作时，使车停下来。）

思维发散

请同学们思考一下：对于上面的作品，我们还能做什么改进？有没有其他传感器同样能实现遥控小车的功能？

创意物化

同学们，我们已经掌握了无线遥控车的基本制作原理，在这里我们学会了 2.4 G 无线通信模块如何遥控小车，在现实生活中，2.4 G 无线通信模块，还能用来做什么呢？

1. 头脑风暴，确定主题。

请大家根据本节课所掌握的知识，尝试制作以下作品：（1）遥控风扇；（2）遥控灯；（3）遥控救生圈；（4）其他自己感兴趣的项目，与同学们分享。表13–3 是创意物化作品的功能说明，请同学们选择感兴趣的项目来完成。

表 13–3　作品功能说明

序　号	项　目	功　能
1	遥控风扇	利用 2.4 G 无线通信模块控制风扇开关与转动
2	遥控灯	利用 2.4 G 无线通信模块控制灯的亮度与开关
3	遥控救生圈	利用 2.4 G 无线通信模块控制救生圈游动至溺水者旁，进行施救
4		

2. 小组分工，完成表 13–4。

表 13–4　小组人员分工表

项目名称：____________ 组别：____________		
分工内容	姓　名	备　注
设计组		
编程组		
美工组		
操作组		
讲解组		

3. 完成作品设计图。

4. 制作过程记录。

交流评价

1. 向同学们展示自己的作品，同时收集同学们给你的意见，并把你的优化计划写在下框里。

2. 请同学们利用作品评价表 13–5 对同学或自己的作品进行评价。

表 13–5　作品评价表

评价与收获，请为小星星涂上颜色				
评价指标	创新创意	技术功能	外观设计	分享表达
自己评价	☆☆☆☆☆	☆☆☆☆☆	☆☆☆☆☆	☆☆☆☆☆
学生评价	☆☆☆☆☆	☆☆☆☆☆	☆☆☆☆☆	☆☆☆☆☆
老师评价	☆☆☆☆☆	☆☆☆☆☆	☆☆☆☆☆	☆☆☆☆☆
作品改进建议：				

阅读拓展

2.4 G 无线通信

2.4 G 无线模块工作在全球免申请 ISM 频道 2400—2483 兆范围内，实现开机自动扫频功能，共有 50 个工作信道，可以同时供 50 个用户在同一场合同时工作，无须使用人工协调、配置信道。同时，可以根据成本考虑，选择 50 米内、150 米、600 米多种类型的无线模块。接收单元和遥控器单元具有一键自动对码功能，数字地址编码，容量大，避免地址重复。

无线数据传输广泛地运用在车辆监控、遥控、遥测、小型无线网络、无线抄表、门禁系统、小区传呼、工业数据采集系统、无线标签、身份识别、非接触 RF 智能卡、小型无线数据终端、安全防火系统、无线遥控系统、生物信号采集、水文气象监控、机器人控制、无线 232 数据通信、无线 485/422 数据通信、数字音频、数字图像传输等领域中。

第十四章 物流快递车
——颜色传感器和寻迹传感器的综合应用

学习体验

观察与思考

随着电子商务的发展，货物和物流的管理变得越来越重要。很多企业为了提高竞争力，都投入大量的资金研发自己的物流机器人。例如京东研发的物流机器人在货物分拣中起了很大的作用，顺丰研发的快递机器人也已经投入使用，节约成本的同时提高了工作效率。观察下面相关的图片，并组建团队完成任务。

图 14-1　生活中的物流快递车

任务

今天，我们就来制作一款能根据颜色识别货物并自动送货的物流快递车。

项目筹备

（一）组建团队

请组建你的小组，交流讨论并对组内人员进行分工。

（二）准备器材

本项目需要的传感器和其他器材如表 14-1 所示。

表 14-1　器材清单

序　号	名　称	数　量	备　注
1	颜色传感器	1 个	检测物体颜色
2	寻迹传感器	2 个	寻迹
3	舵机	1 个	货箱的动力装置
4	机器人 DIY 主板	1 块	
5	车轮	2 个	小车动力装置
6	马达	2 个	小车动力装置
7	车身底盘、万向轮	各 1 个	小车配件
8	结构板	若干	搭建模型外观
9	热熔胶枪	1 把	粘贴零件与材料
10	杜邦线	若干	
11	纯红、绿、蓝小物件	各 1 个	三个颜色的货物
12	红、绿、蓝彩纸	各 1 张	标注货物目的地

结构清单如下：

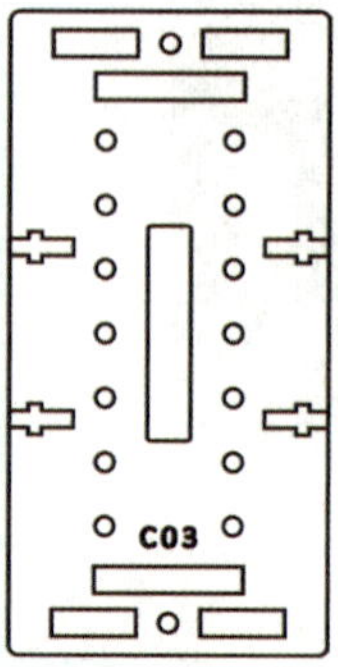

C03×2

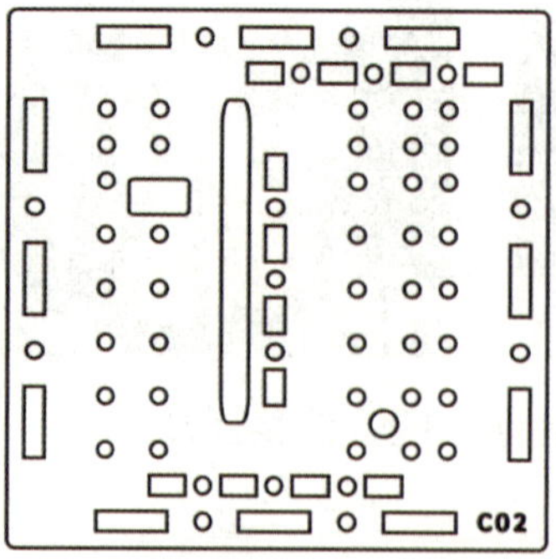

C04×1

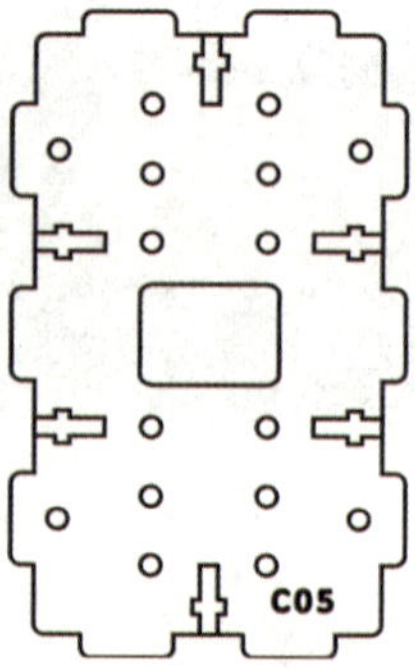

C05×1

辅助结构件 09

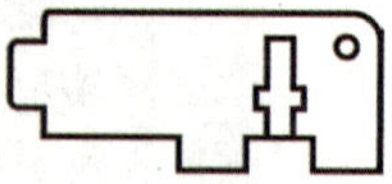

辅助结构件 10

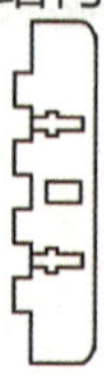

（三）知识准备

机器人巡线与识别路口的原理：机器人巡线与路口的识别，需要2个寻轨传感器，其中1个寻迹传感器用来寻线，1个寻迹传感器用来识别十字路口，其操作方法和原理是：把机器人放在黑线的左边，开始行走，如果遇到黑线，向左转，如果遇到白色地面，向右转，如果第2个寻迹传感器识别到黑线，说明机器人已经到达分叉的路口，机器人根据规划好的路线，实现左转或右转或直走的策略。

动手实践

（一）设计流程

根据任务分析，物流快递车就是通过颜色传感器对物品颜色进行检测与识别，再通过寻迹传感器对路线和路标的勘测将物品送至对应的位置，舵机将旋转角度，带动货物滑到安置点。

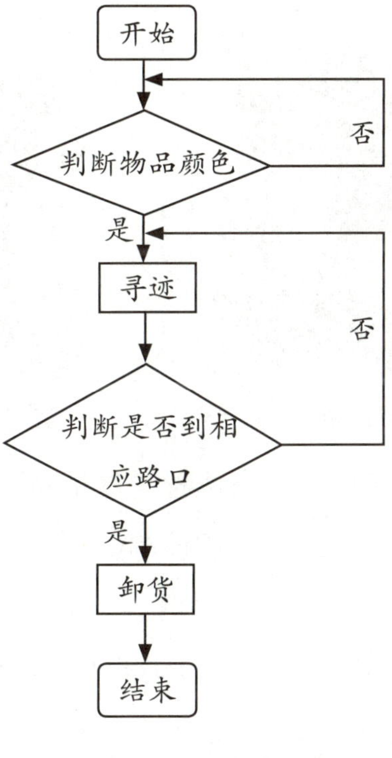

图 14-2　程序流程图

（二）制作实物

快递物流车的制作分三部分完成，第一部分是安装小车，第二部分是安装货箱，第三部分是传感器、马达、舵机与主板连接。具体制作过程如下。

1. 安装小车、轨迹传感器、舵机、马达。

图 14-3　小车底部安装

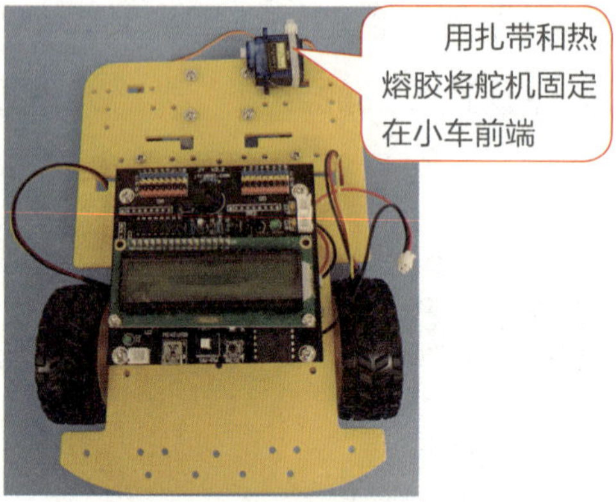

图 14-4　小车正面安装

2. 安装货箱、颜色传感器及其模块。

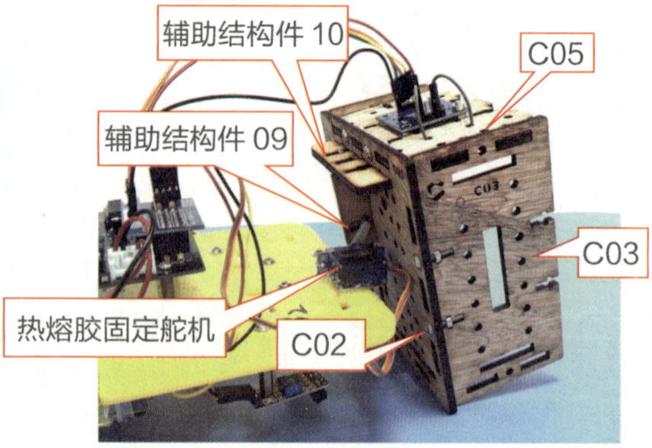

图 14-5　货物安装

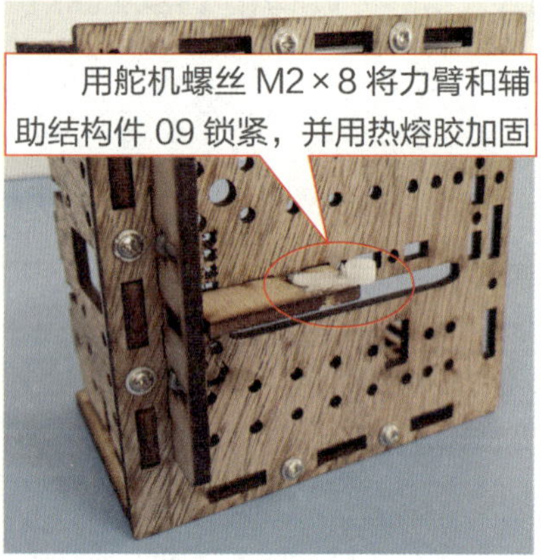

图 14-6　颜色传感器安装

同学们，记得要调节舵机在底座位置，保证货箱能正常卸货。

3. 连接主板与传感器、马达、舵机控制电路。

颜色传感器的 S1 和 GND 接口用杜邦线短接，颜色传感器的 VCC 端口与转换模块的 V、传感器的 GND 端口与模块的 G、传感器的 OUT 端口与模块的 3、传感器的 S2 端口与模块的 1、传感器的 S3 端口与模块的 2 用杜邦线一一对应。寻迹传感器的 VCC、GND、DD 与数字端口的 V、G、D 对应。PS2 转换模块的 DD 端口 5、6、8 与寻迹传感器、舵机对应，模块上的 8 个连续插口与主板 DD 针口对应。

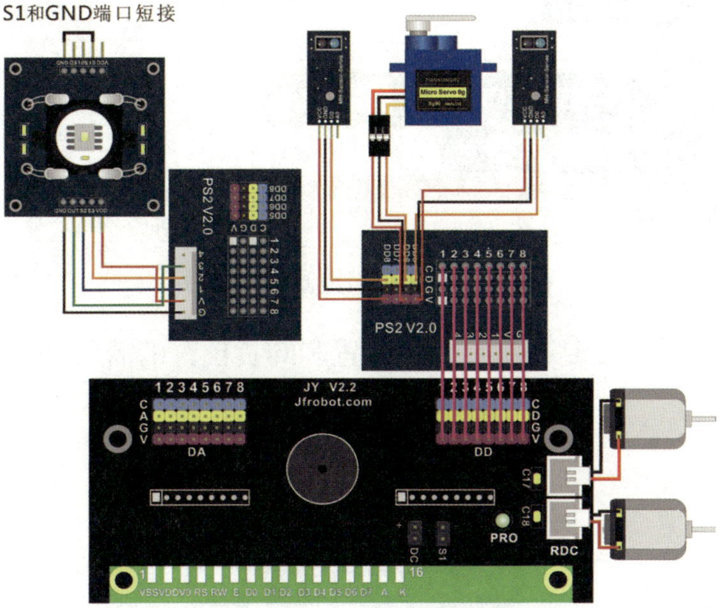

图 14-7　传感器、马达、舵机与主板接线图

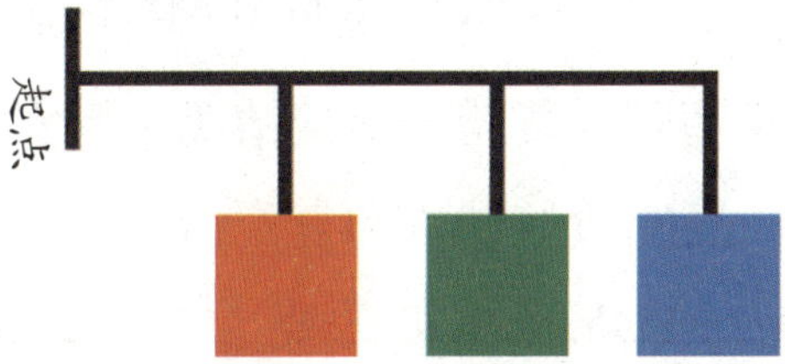

图 14-8　货物运输地图

（三）编写程序

打开 Scratch 编程系统，按照以下步骤来编程调试并运行。

1. 编写并调试两个寻迹传感器：观察前进程序和路口检测程序是否正常运作。

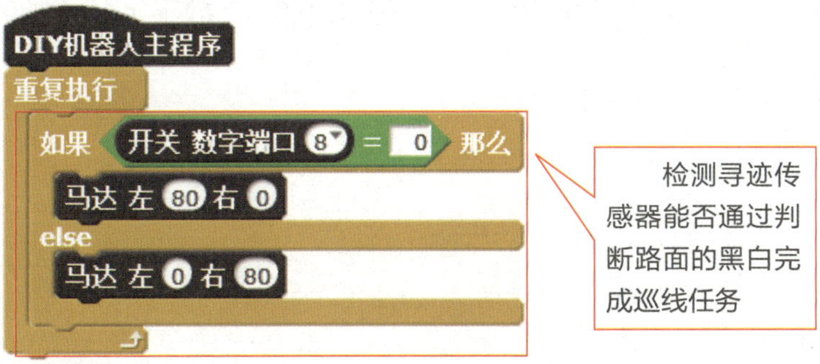

图 14-9　巡线调试程序

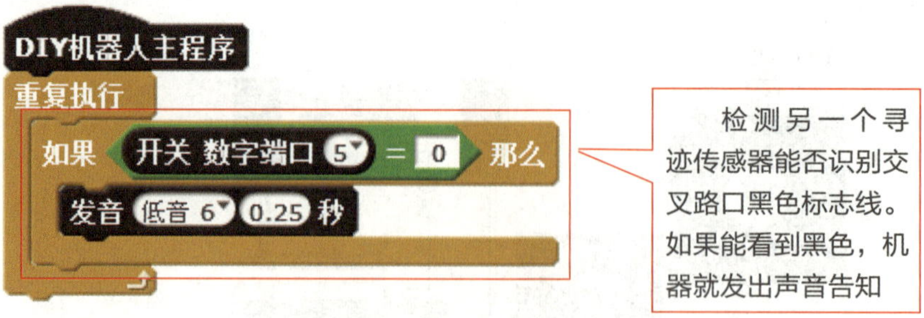

图 14-10　路口检测调试程序

2. 调试舵机的角度是否满足初始位置和卸货位置的需要。

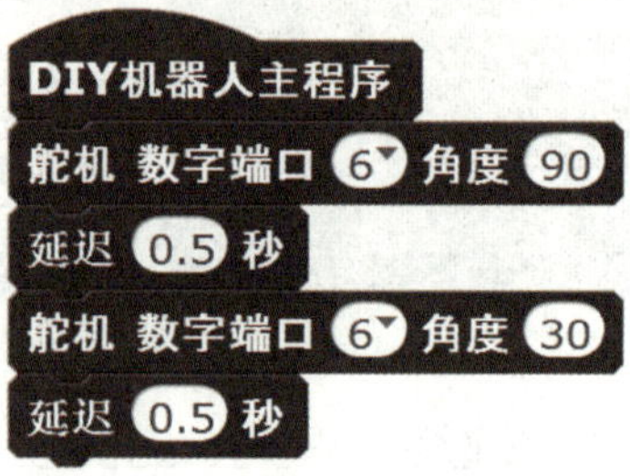

图 14-11　舵机调试程序

同学们先观察舵机力臂与货箱的衔接情况，判断能否旋转卸货和复位，再通过修改舵机的角度，观察货箱卸货和复位情况。

你得到的结论是：卸货时舵机需要______________度，复位时舵机需要______________度。

3. 主程序编写，定义舵机的初始位置和当前环境为白色，并通过喇叭发音，了解程序的进度；定义 X、Y、Z 分别代表红色物体、绿色物体、蓝色物体，为后续寻迹程序提供判断依据；通过重复循环内定义原色变量，r 代表原色红，g 代表原色绿，b 代表原色蓝，不断检测同一物品的原色，并显示当前三种原色值的分量情况。不同颜色的物品，三种原色的分量不同，例如，当放红色物品时，$r>g$，$r>b$。

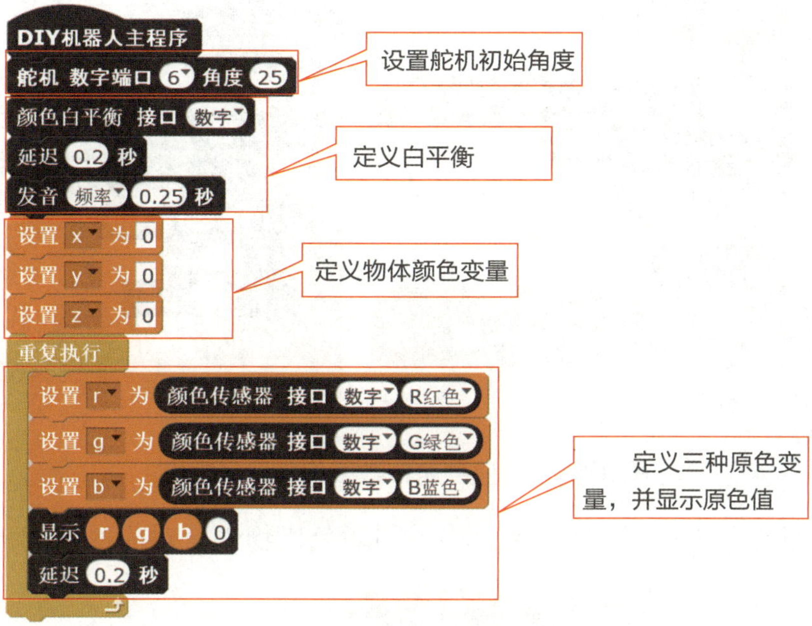

图 14-12　程序设置

4. 比较物品的各原色间的差值判断物体的颜色，当遇到红、绿、蓝色物品时，发出不同的声音，并跳出本循环。不同时段，光线的强弱不同，原色间的差值也不同，通过不断修正该差值，准确判断出物体颜色。

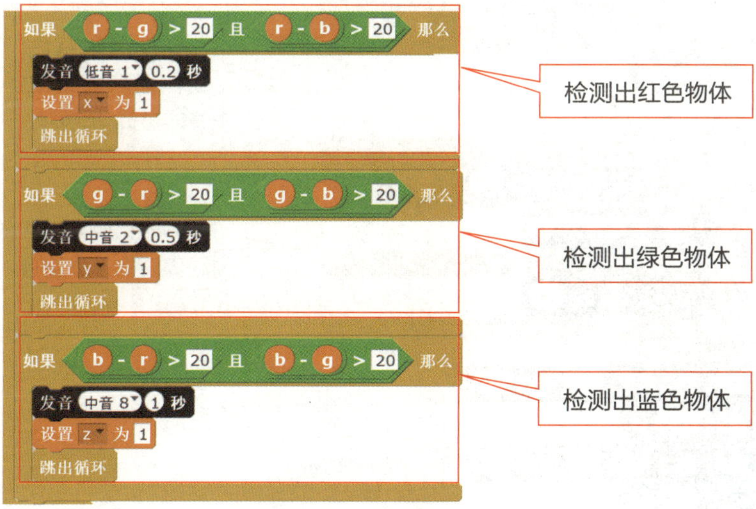

图 14-13　程序运行

5. 编写遇到路口数线的程序。将交叉路口的个数设置为变量 a，并显示路口个数，同时建立转弯子程序。

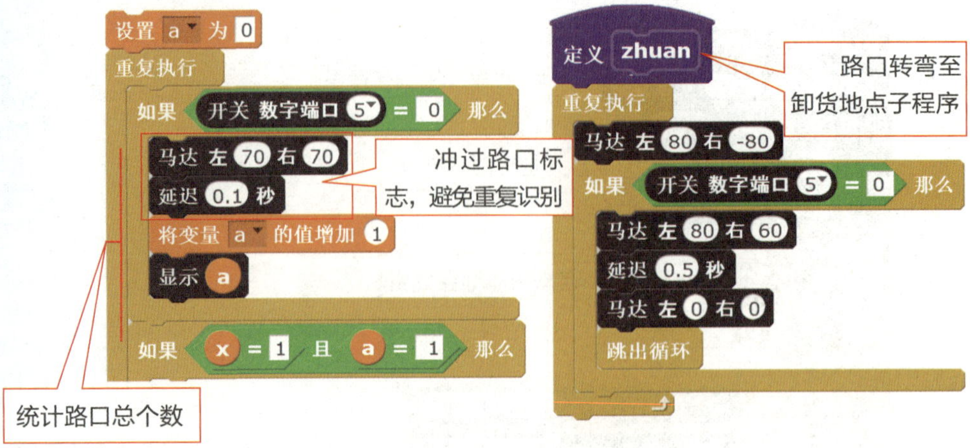

图 14-14　遇到路口数线程序及子程序

6. 通过巡线和路口检测结果，将不同颜色货物送至对应的目的地并卸货。

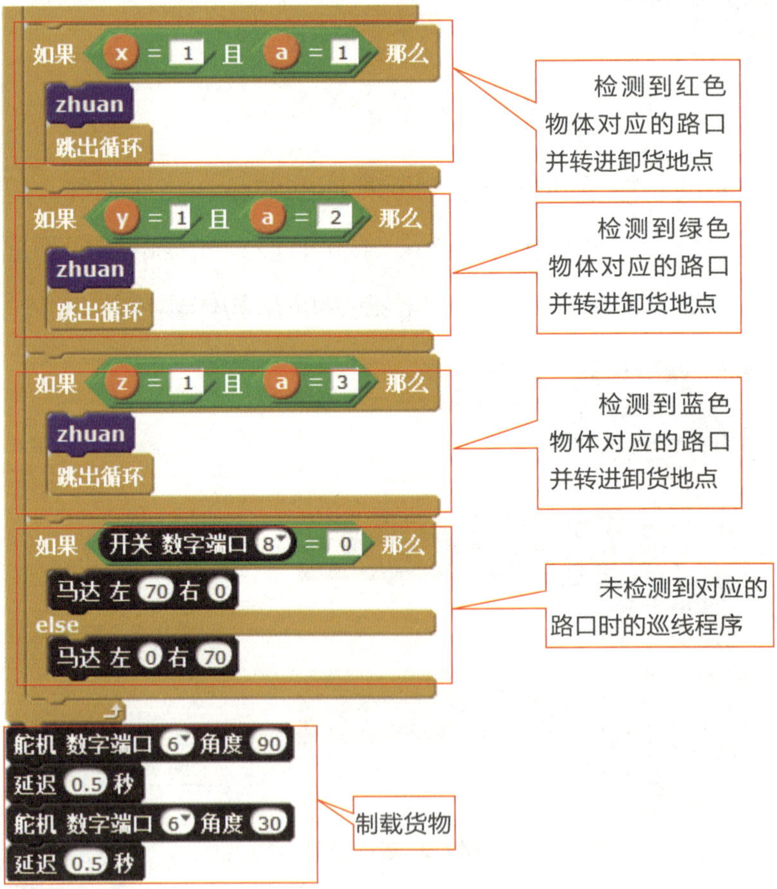

图 14-15　将不同颜色货物运送至目的地程序

请同学们在表 14–2 上填写调试记录。

表 14–2　调试记录表

序　号	内容和现象	修改的模块和参数
1	按下电源开关，放入货物，颜色传感器调试是否能准确测定颜色：________	
2	按下电源开关，识别货物后，小车是否能沿轨道运动：________	
3	按下电源开关，运输货物体，小车是否能根据货物的颜色识别路口并转弯：________	
4		

（四）修正完善

同学们，让我们继续完善作品。如能否再设计更巧妙的卸货装置、设计更复杂的路径，或者能否用磁条和磁敏传感器搭配等方式使物流快递车行走更稳定。期待同学们有更好的作品展示。

创意物化

同学们，我们已经掌握了颜色传感器的基本工作原理，在这里我们学会了用寻迹传感器和计数的方式控制小车运动。颜色传感器与寻迹传感器除了制作快递物流车之外，还能用来做什么呢？

1. 头脑风暴，确定主题。请大家根据本节课所掌握的知识，尝试制作以下作品：（1）化学实验监测仪；（2）图书归类车；（3）自己感兴趣的项目，与同学们分享。表 14–3 是创意物化作品的功能说明，请同学选择自己感兴趣的项目来完成。

表 14–3 作品功能说明

序号	项目	功能
1	化学实验监测仪	通过对化学反应过程的颜色判断，了解化学反应进度
2	图书归类车	识别不同颜色标记的图书，并能自行送至对应的书架
3		

2. 小组分工，完成表 14–4。

表 14–4 小组人员分工表

项目名称：____________ 组别：____________		
分工内容	姓名	备注
设计组		
编程组		
美工组		
操作组		
讲解组		

3. 完成作品设计图。

4. 制作过程记录。

交流评价

1. 向同学们展示自己的作品，同时收集同学们给你的意见，并把你的优化计划写在下框里。

2. 请同学们利用作品评价表 14–5 对同学或自己的作品进行评价。

表 14–5　作品评价表

评价与收获，请为小星星涂上颜色				
评价指标	创新创意	技术功能	外观设计	分享表达
自己评价	☆☆☆☆☆	☆☆☆☆☆	☆☆☆☆☆	☆☆☆☆☆
学生评价	☆☆☆☆☆	☆☆☆☆☆	☆☆☆☆☆	☆☆☆☆☆
老师评价	☆☆☆☆☆	☆☆☆☆☆	☆☆☆☆☆	☆☆☆☆☆
作品改进建议：				

阅读拓展

物流机器人的发展现状

现有的物流系统机器人大多采用集中式的控制系统，自身的智能性和自主性不足，常用于结构化的相对静态的工作环境中，对于可变环境的适应能力不够，只能完成较为简单和固定的物流作业。因此需要将智能化移动机器人与物流系统相结合，依靠智能移动机器人的自主性控制实现物流系统的智能化作业。

智能化的移动物流机器人能够通过传感器感知外界环境和自身状态，实现在有障碍物环境中面向目标的自主运动，从而完成一定作业功能。其本身能够认识工作环境和工作对象，能够根据指令和自身认识来独立地工作，能够利用操作机构和移动机构完成复杂的任务。物流机器人主要是沿固定路径行走（例如靠埋在地下的磁导轨来引导），机器人也可以靠地面上铺设的大量二维码来不断校准自己所在的位置，但是这对于环境的要求比较高，而且二维码也容易磨损。

在此需求之下，激光导航技术日渐兴起。激光导航技术可以细分为激光挡板导航和 SLAM 导航。激光挡板导航需要在周围环境中架设反光板来辅助激光定位，所以会因为障碍物遮挡激光而影响导航效果。SLAM 是指在行进的过程中一边定位自身，一边描绘地图。它不需要周边环境中架设大量硬件设施，只需要机器人自带的激光器向四面八方发射，就可以通过反射回来的结果描绘出周边环境，并实时画出来。这种技术已经应用在多种物流机器人和无人驾驶车辆上。新一代机器人不仅能够在平面上移动，并且还能识别环境中的更多元素并与之互动。一个很典型的例子就是机器人乘电梯，某酒店中的服务机器人可以通过发射无线信号与电梯互动，进入其内部并选择正确楼层，从而将物品送到指定的楼层房间。

第十五章 手势识别车
——陀螺仪传感器的运用

学习体验

观察与思考

人有丰富的感情，但感情需要表达。在表达上，人类除了用语言表达信息，还可以用肢体语言，方便与不同的人交流。那么人与机器的交流可以用什么方式进行呢？机器能不能对人的肢体语言作出反应呢？请同学们观察下面相关的图片，并组建团队完成任务。

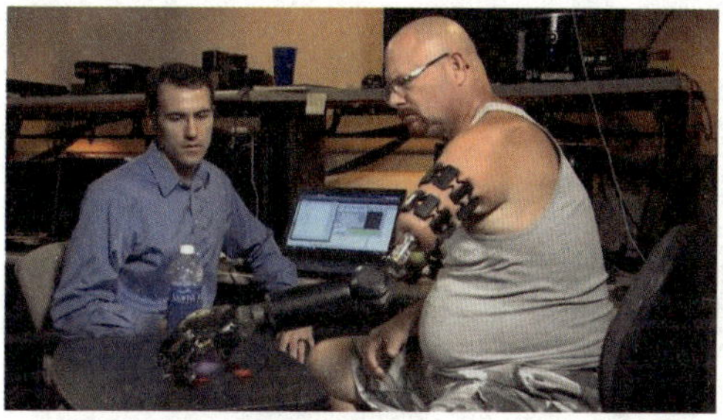
图 15-1　截肢者利用手势控制假肢

图 15-2　体感游戏

任务

今天，让我们来制作一个使用手势便可控制行驶的智能小车。

项目筹备

（一）组建团队

请组建你的小组，交流讨论并对组内人员进行分工。

（二）准备器材

本项目需要的传感器和其他器材如表 15–1 所示。

表 15–1　器材清单

序　号	名　称	数　量	备　注
1	陀螺仪传感器	1 个	检测物体的倾斜度
2	2.4 G 无线通信模块	2 个	发出与接收无线信号
3	机器人 DIY 主板	2 块	主控器
4	结构件	1 套	搭建外观
5	车底盘	1 个	搭建车模型
6	轮子	3 个	1 个万向轮 2 个后轮
7	电机	2 个	驱动智能车
8	电池	2 组	7.2 V 锂电池
9	螺丝、铜柱、胶条	若干	连接结构件
10	热熔胶枪	1 支	连接结构件

结构清单如下：

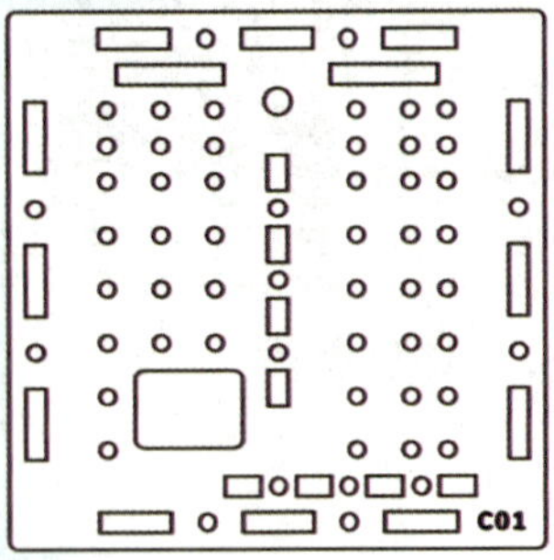

C01×1

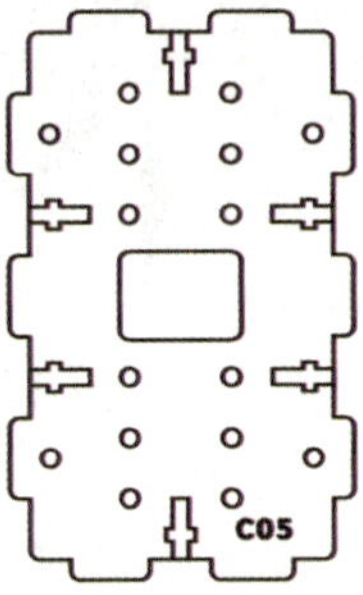

C05×1

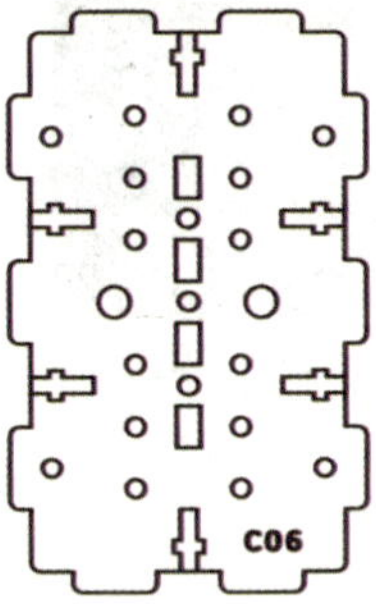

C06×1

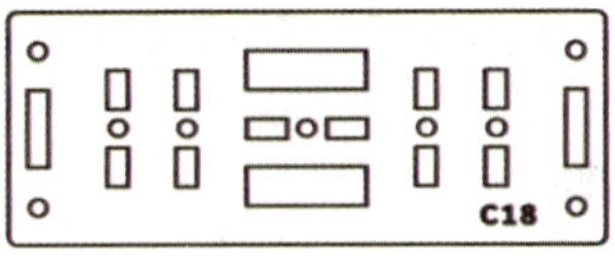

C18×1

（三）知识准备

1.2.4 G 无线通信模块。

2.4 G 无线通信模块的作用是发射与接收无线信号。2.4 G 无线通信模块编程分为发射信号与接收信号，其发射信号的编程图标是 2.4G无线发送 机器人ID 100 传感器ID 50 数据 10 ，其接收信号的编程图标是

2.4G无线接收 机器人ID 100 传感器ID 50 。需要注意的是，两个 2.4 G 通信模块的机器人 ID 和传感器 ID 要一致，才能互相通信。课前建议提前分配 ID 号（ID 号范围 0—255）。

2.4 G 无线通信模块与主板连线如图 15-3 所示。

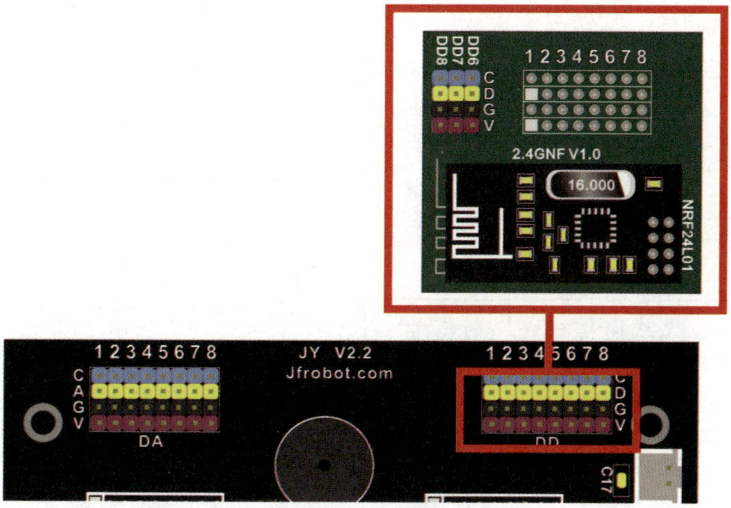

图 15-3　2.4G 无线通信模块与主板接线图

2. 陀螺仪传感器。

陀螺仪传感器的作用是检测物体的倾斜度与运动物体的加速度。陀螺仪传感器编程图标是 3轴加速度 数字端口 端口 X轴旋转角度 。

陀螺仪传感器与 2.4 G 无线通信模块连线如图 15-4 所示。

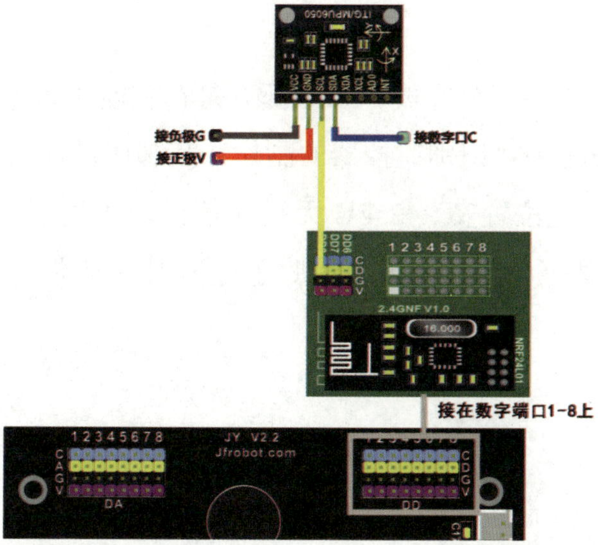

图 15-4　陀螺仪传感器与 2.4 G 无线通信模块接线图

动手实践

（一）设计流程

根据任务分析，我们可以画出如图 15-5 所示的程序流程图。

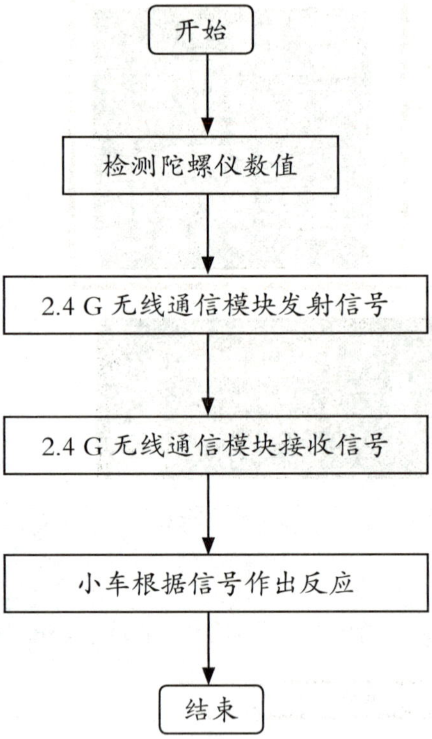

> 小提示：
>
> （1）陀螺仪的值是 0—255。
>
> （2）2.4 G 无线通信模块 ID 号范围 1—50。

图 15-5　程序流程图

（二）制作实物

手势车的制作分为两部分完成，第一部分是在智能小车上安装 2.4 G 无线通信模块，第二部分是手势识别遥控器的制作，其制作过程如下。

在小车主板的指定位置安装 2.4 G 无线通信模块，如图 15-6 所示。安装在小车上的 2.4 G 无线通信模块主要是接收手势识别遥控器的信号。

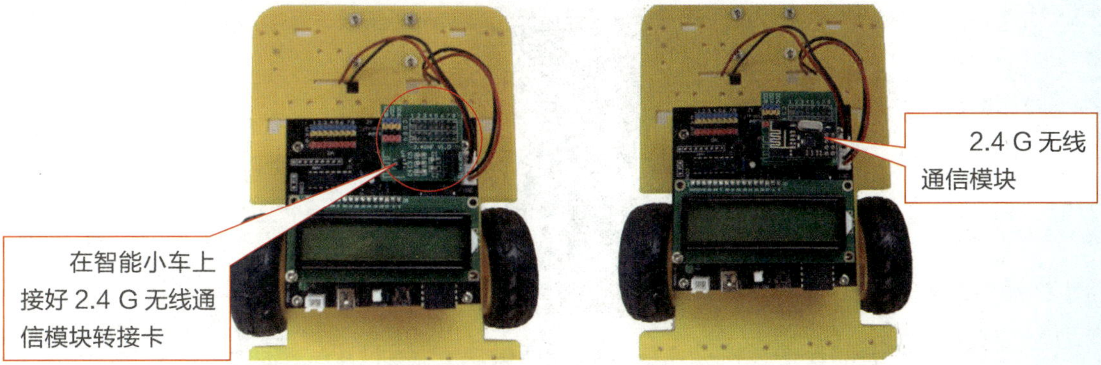

图 15-6　2.4 G 无线通信模块安装

使用螺丝把 DIY 主板安装到结构件 C01 上。

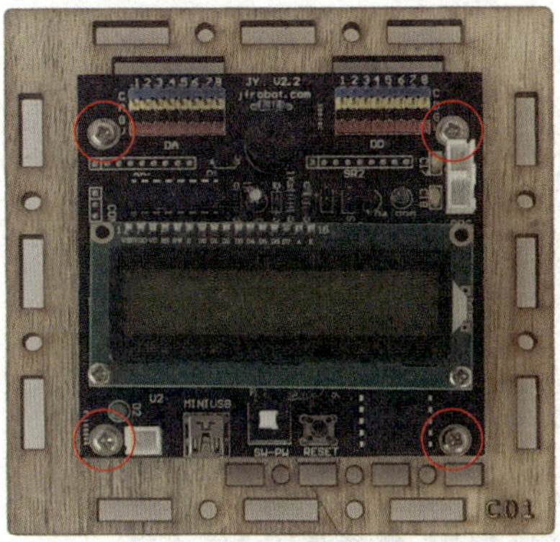

图 15-7　将 DIY 主板安装到结构件 C01 上

（3）把结构件 C05、C06、C18 安装在结构件 C01 上，如图 15-8 所示。

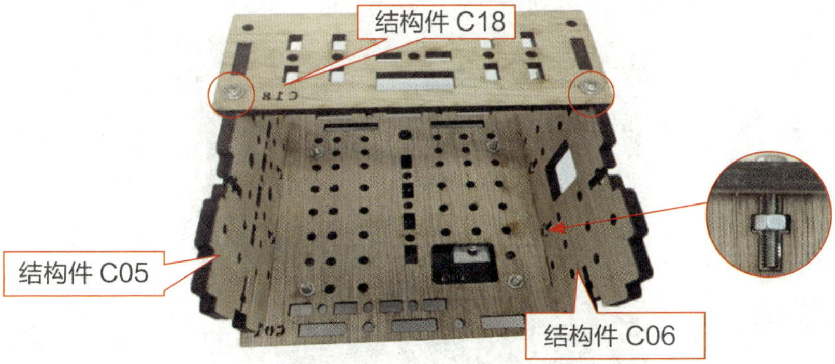

图 15-8　将结构件 C05、C06、C18 安装到结构件 C01 上

把 2.4 G 无线通讯模块安装到 DIY 主板上，如图 15-9 所示。

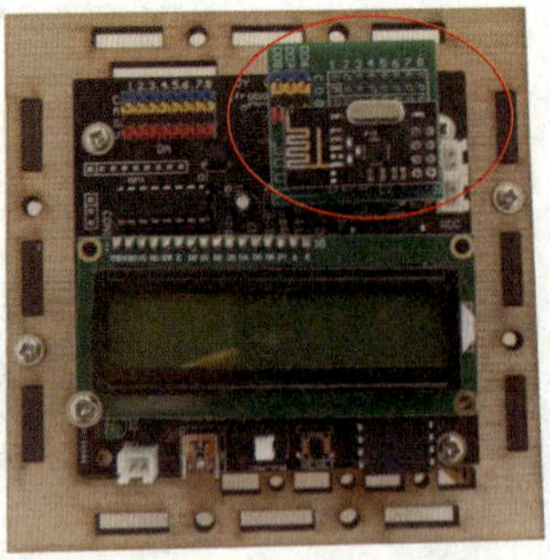

图 15-9　将 2.4 G 无线通信模块安装到 DIY 主板上

把陀螺仪传感器接到数字端口 8 上，并用螺丝固定在结构件 C01 前端。注意陀螺仪摆向与图示方向一致，如图 15-10 所示。

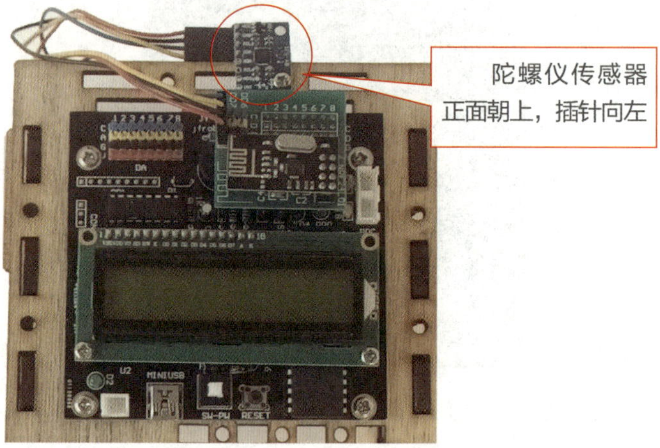

图 15-10　陀螺仪传感器接线安装

在结构件 C01 背面粘上魔术贴把电池固定，如图 15-11 所示。

图 15-11　电池固定

至此，手势车遥控器便制作完成，用手握住手持板摆动遥控器，便能遥控手势车行走，如图 15-12 所示。

图 15-12　手势遥控器效果图

下面是完整的硬件接线图，2.4 G 无线通信模块接在数字口 1—8 上，电机接在电机接口上，如图 15-13 所示。陀螺仪接在 2.4 G 无线通信模块转接卡的 DD8 接口上，如图 15-14 所示。接线的时候注意红色线对准 V。

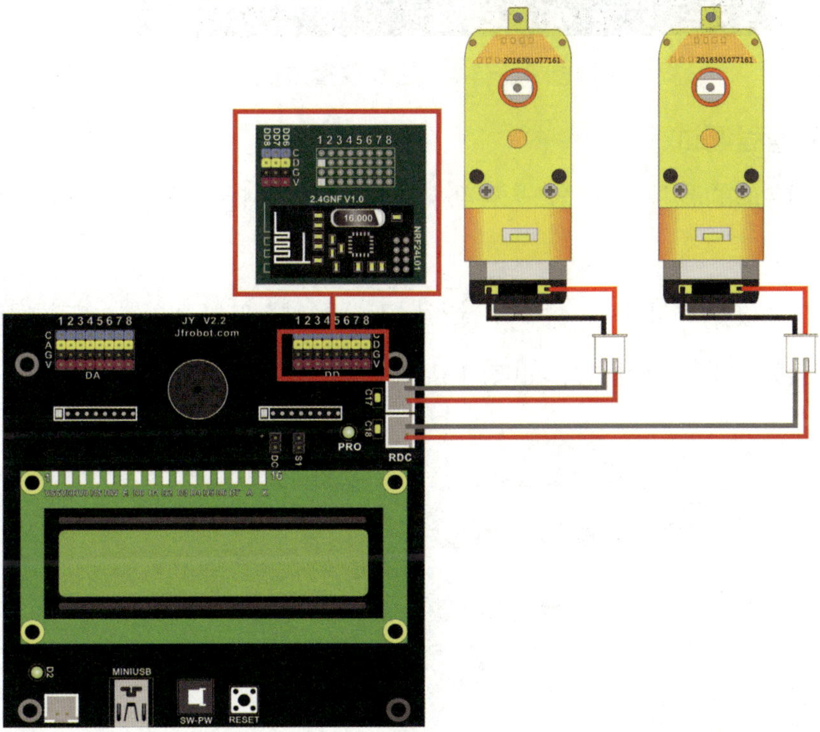

图 15-13　2.4 G 无线通信模块，电视与电机接线图

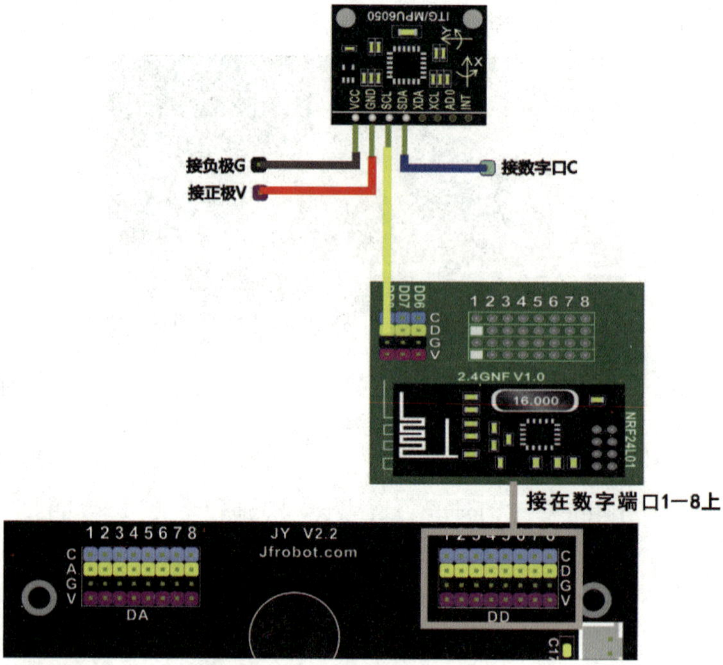

图 15-14　陀螺仪接线图

（三）编程调试

手势遥控车的程序编写分成两部分，一部分为遥控器程序，一部分为手势车程序。

1. 单击“数据与指令”菜单，新建 *tly_y* 全局变量。*tly_y* 变量用于表示陀螺仪 *y* 轴旋转角度数值变化。如图 15-15 所示。

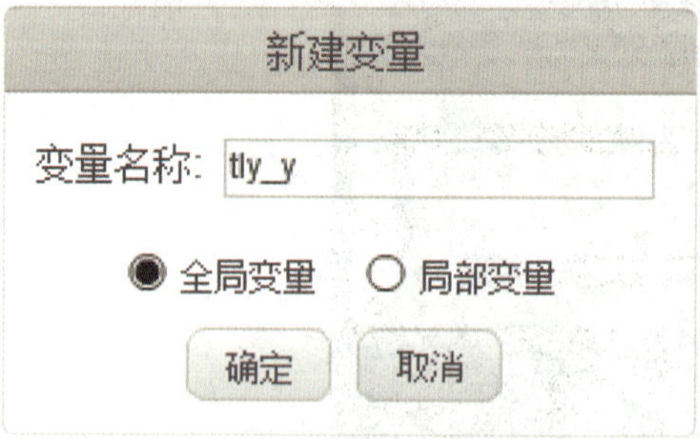

图 15-15　新建变量 *tly_y*

2. 单击“更多……”菜单，选择“新建模块指令”，新建子程序。新指令模块功能是向手势车发送前进或后退的指令，如图 15-16 所示。

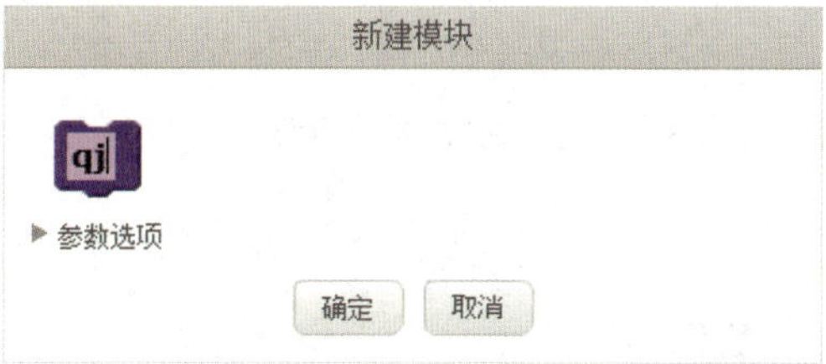

图 15–16　新建模块 *qj*

3. 定义 *qj* 指令模块，将变量 *tly_y* 设置为 *y* 轴旋转角度数值变化，变量 *tly_y* 的数值小于 –25 时发出前进信息；变量 *tly_y* 的数值大于 25 时发出后退信息。如图 15–17 所示。

注意：2.4 G 无线通信模块要设置相同的 ID 号才能通信，2.4G无线发送 机器人ID 100 传感器ID 50 ID 号只有 50 组，为了避免 2.4 G 信号之间互相干扰，实验前请教师分配好传感器 ID 号。

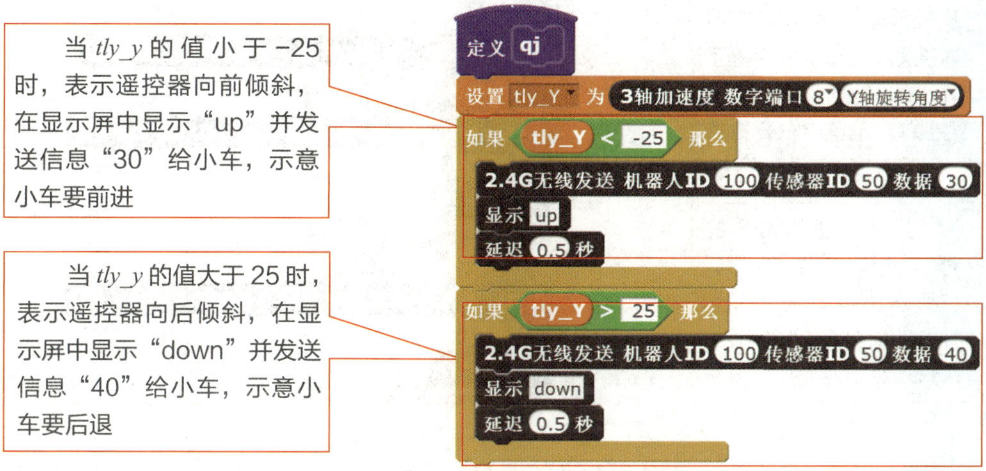

图 15–17　*qj* 模块设计

4. 单击“数据与指令”菜单，新建 *tly_x* 全局变量。*tly_x* 变量用于表于陀螺仪 *x* 轴旋转角度数值的变化。如图 15–8 所示。

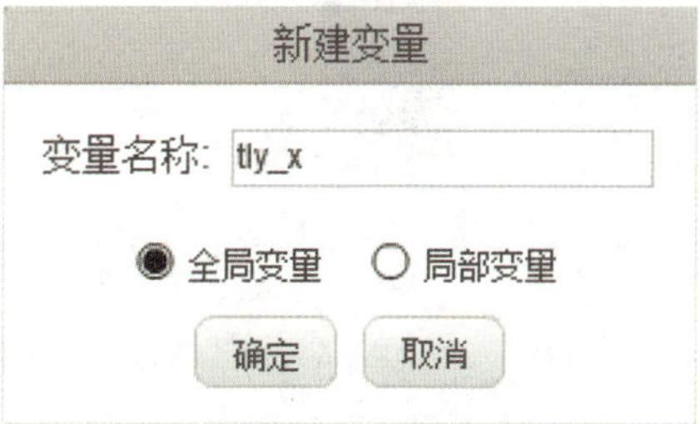

图 15–18　新建变量 *tly_y*

5. 单击“更多……”菜单，选择“新建模块指令”，新建 *kw* 子模块。新指令模块功能是向手势车发送左转或右转的指令，如图 15–19 所示。

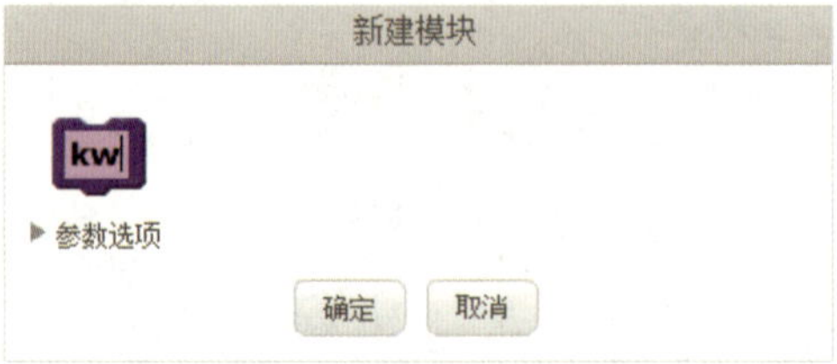

图 15–19　新建 *kw* 子模块

6. 定义 *kw* 指令模块，将变量 *tly_x* 设置为 *x* 轴旋转角度数值变化，变量 *tly_x* 的数值小于 –25 时发出右转信息；变量 *tly_x* 的数值大于 25 时发出左转信息。如图 15–20 所示。

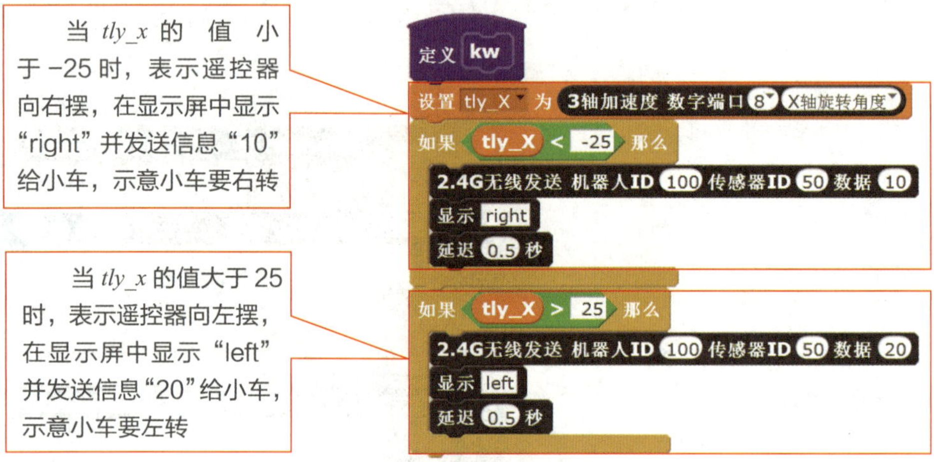

图 15–20　*kw* 模块设计

7. 把 *qj* 与 *kw* 指令模块拖入重复执行中，手势车遥控器程序便编写完成。

图 15–21　*qj* 和 *kw* 模块指令

8.单击“数据与指令”菜单，新建*xh*全局变量。*xh*变量用于表示接收2.4 G无线通信模块数值变化。如图15–22所示。

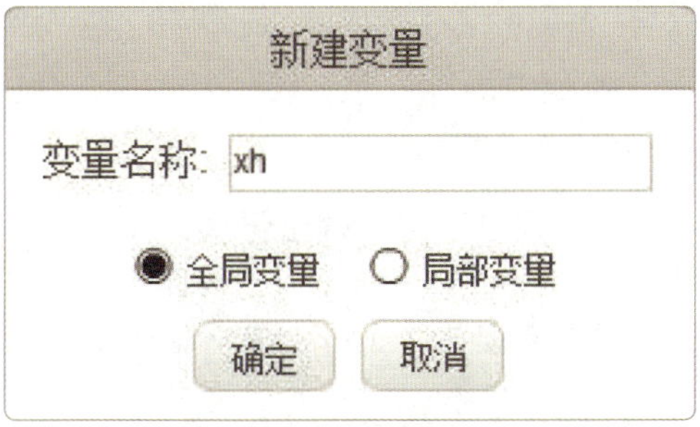

图 15-22　新建变量 *xh*

9. 将变量 *xh* 设置为接收 2.4 G 无线通信模块数值变化。变量 *xh* 的数值为 10 时小车右转；变量 *xh* 的数值为 20 时小车左转；变量 *xh* 的数值为 30 时小车前进；变量 *xh* 的数值为 40 时小车后退。程序如图 15-23 所示。

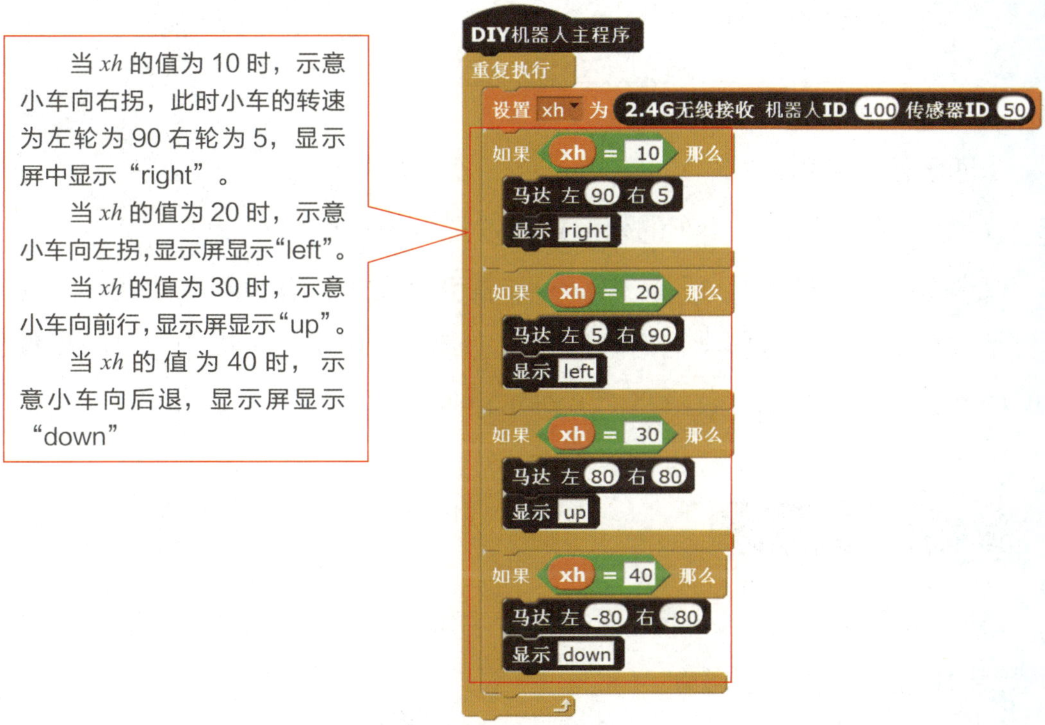

图 15-23　*xh* 程序设计

（四）调试记录

请同学们在表 15-2 上填写调试记录。

表 15-2　调试记录表

序　号	内容和现象	修改的模块和参数
1	遥控器向前倾斜时，小车的表现：＿＿＿＿＿＿	
2	遥控器向后倾斜时，小车的表现：＿＿＿＿＿＿	
3	遥控器向左倾斜时，小车的表现：＿＿＿＿＿＿	
4	遥控器向右倾斜时，小车的表现：＿＿＿＿＿＿	

（四）修正完善

改造 1：请同学们对小车的外形进行改造，做得更加专业些。

改造 2：目前的小车只要陀螺仪一动就会跑起来，有没有方法让小车在陀螺仪平放时不动呢？请同学们对程序进行完善。（提示：可以用记录陀螺仪放平时的参数，设定当陀螺仪放平时，小车便停止活动。）

思维发散

请同学们思考一下：对于上面的作品，我们还能做什么改进？有没有其他传感器同样能实现小车的功能？

创意物化

同学们，我们已经掌握了手势车的基本制作原理，在这里我们学会了陀螺仪和 2.4 G 无线通信模块的控制方法，陀螺仪和 2.4 G 无线通信模块除了可以用来制作手势车之外，还能用来做什么呢?

1. 头脑风暴，确定主题。

请大家根据本节课所掌握的知识，尝试制作以下作品：（1）挥球拍力量测量仪；（2）高空坠物警报仪；（3）水平仪，量角器；（4）自己感兴趣的项目，与同学们分享。表 15-3 是创意物化作品的功能说明，请同学选择自己感兴趣的项目来完成。

表 15-3 作品功能说明

序 号	项 目	要 求
1	挥球拍力气测量仪	把陀螺仪传感器安装到球拍上，通过陀螺仪测量挥球拍的加速度，加速度越大挥拍的力度越大
2	高空坠物警报仪	把陀螺仪传感器安装到花盘上，当花盘掉落时陀螺仪会检测到花盘下落的加速度并通过蜂鸣器发出报警声音
3	水平仪、量角器	利用陀螺仪能检测角度变化的原理，我们可以做一个水平仪，当陀螺仪检测到水平角度不为 0 时就会发出灯光
4		

2. 小组分工，完成表 15-4。

表 15-4 小组人员分工表

项目名称：＿＿＿＿＿＿＿　组别：＿＿＿＿＿＿＿

分工内容	姓 名	备 注
设计组		
编程组		
美工组		
操作组		
讲解组		

3. 完成作品设计图。

4. 制作过程记录。

交流评价

1. 向同学们展示自己的作品，同时收集同学们给你的意见，并把你的优化计划写在下框里。

2. 请同学们利用作品评价表 15-5 对同学或自己的作品进行评价。

表 15-5　作品评价表

评价与收获，请为小星星涂上颜色				
评价指标	创新创意	技术功能	外观设计	分享表达
自己评价	☆☆☆☆☆	☆☆☆☆☆	☆☆☆☆☆	☆☆☆☆☆
学生评价	☆☆☆☆☆	☆☆☆☆☆	☆☆☆☆☆	☆☆☆☆☆
老师评价	☆☆☆☆☆	☆☆☆☆☆	☆☆☆☆☆	☆☆☆☆☆
作品改进建议：				

阅读拓展

手机中的陀螺仪

陀螺仪又叫角速度传感器，是不同于加速度计（G-Sensor）的，它的测量物理量是偏转、倾斜时的转动角速度。在手机上，仅用加速度计没办法测量或重构出完整的 3D 动作，测不到转动的动作的，G-Sensor 只能检测轴向的线性动作。但陀螺仪则可以对转动、偏转的动作做很好的测量，这样就可以精确分析判断出使用者的实际动作，而后根据动作，可以对手机做相应的操作！

1. 动作感应的 GUI：通过小幅度的倾斜，偏转手机，实现菜单，目录的选择和操作的执行。比如前后倾斜手机，实现通讯录条目的上下滚动；左右倾斜手机，实现浏览页面的左右移动或者页面的放大或缩小。

2. 转动或轻轻晃动手机 2—3 下，实现电话接听或打开网页浏览器等。

3. 拍照时的图像稳定，防止手的抖动对拍照质量造成影响。在按下快门时，记录手的抖动动作，将手的抖动反馈给图像处理器，可以抓到更清晰稳定的图片。

4.GPS 的惯性导航：当汽车行驶到隧道或城市高大建筑物附近，没有 GPS 讯号时，可以通过陀螺仪来测量汽车的偏航或直线运动位移，从而继续导航。

5. 通过动作感应控制游戏：开发者可以通过陀螺仪对动作检测的结果（3D范围内手机的动作），去实现对游戏的操作。比如，把你的手机当作一个方向盘，你的手机屏幕上是一架飞行中的战斗机，只要你上下左右地倾斜手机，飞机就可以做上下左右的动作。

图 15-24　智能手机上的陀螺仪元件

图 15-25　陀螺仪可用于智能手机的游戏控制中